「自立支援介護」を問い直す

介護保険を使わないのが「自立」なのか

大阪社会保障推進協議会
「自立支援介護」問題研究会編

日本機関紙出版センター

はじめに

だれもがやがて経験する「老い」。それは、老化による心身の変化をもたらし、老いによる衰えは、要介護状態になることが少なくありません。こうしたときのために、40歳以上の人びとに介護保険料を負担させる「介護保険制度」が２０００年（平成12年）４月にスタートしました。キャッチフレーズは「みんなで支える老後の安心」でした。

しかし、最近の介護保険では「安心」という言葉が影を潜め、「自立」が協調されるようになりました。「軽度」とされる要支援１と要支援２の人たちのホームヘルプサービスとデイサービスは２０１７年度までに介護保険給付から市町村の総合事業（介護予防・日常生活支援総合事業）に移され、一部の自治体では、高齢者にサービスからの「卒業」を迫るようになりました。また、２０１８年度からは、自治体が「自立支援策」をしっかり行っているかを国が評価し、その「得点」によってボーナスを出す「保険者機能強化推進交付金」が制度化されました。ケアマネジャーが作るケアプランが「自立支援に資するものになっているか」と行政が「自立支援型地域ケア会議」で点検するようになりました。そして、２０２１年度の介護報酬改定では「科学的介護」と「自立支援・重度化防止」が打ち出され、介護サービス事業者に「自立支援効果」を上げると報酬が加算される仕組みを持ち込みました。

「自立支援」。この言葉には人を魔法のように引き付ける魅力があります。しかし、その「魅力」はそれぞれの立場によって違います。

介護保険で言われている「自立支援」は、高齢化によって増え続ける介護費用をおさえるために、要介護高齢者の数を減らすことに重点が置かれています。これから、戦後ベビーブーム生まれの団塊の世代が75歳以上になる2025年、団塊ジュニア世代が高齢者になる2040年という超高齢社会のピークを迎えます。こうしたときに「お世話する介護から自立支援に軸足を置いた介護」＝自立支援介護は、為政者にとってはとても魅力的な政策です。もっぱら介護費用抑制のために推し進められる「自立支援」ですから、身体機能、生活機能を改善させ、「自分でできること」をめざすことが「自立支援」となります。

果たして、そのような「自立」が本当に可能なのか、そして、「自立支援介護」政策がどんどん進められて行けば介護保険はどうなるのか、これが本書を発刊することになった動機です。

本書は第1章は「自立支援介護」をめぐる経過や自立概念の変質について解説した「理論編」、第2章は自立支援・卒業モデルの発祥と全国展開について説明した「実態編」、第3章は高齢者、障害者の声等を集めた「当事者編」、第4章と第5章は、「自立支援介護」を乗り越えるための「要求・実践編」という構成です。どこから読んでいただいても構いません。

2021年9月

大阪社会保障推進協議会　介護保険対策委員長　日下部雅喜

「自立支援介護」を問い直す　介護保険を使わないのが「自立」なのか

もくじ

第1章　介護保険はどう変えられようとしているのか
～「自立支援介護」とは

日下部　雅喜

第1節　「自立支援介護」をめぐる動向～保険者機能強化と科学的介護

1　「自立支援介護」の背景と問題点

（1）「自立支援介護」とは

２０００年にはじまった介護保険制度は、高齢者の「能力に応じ自立した日常生活を営む」ことの支援を目的とし、その支援を社会が公的に行う社会保険制度として出発し、要介護状態になっても高齢者の尊厳が保持されることをめざしました（介護保険法第1条）。「自立支援」と「尊厳の保持」が介護保険の理念であることは誰も否定しません。しかし、近年政府によって声高に言われている「自立支援・重度化防止の推進」は、そうした理念を装いながら、別な意図をもって進められてきました。このような政策を本書では「自立支援介護」と呼ぶことにします。それでは、その背景と問題点について見ていきたいと思います。

（2）「自立支援介護」の政策的動機～進む高齢化、増える介護需要

介護保険制度が始まってから21年。高齢化の進展によって要介護認定者は218万人（2000年4月）から679・6万人（2021年2月）へと3・1倍に増え、介護サービス利用者は149万人（2000年4月）から509・8万人（2021年2月）へと3・4倍に増えています。これに伴い、介護保険の総費用は、3・6兆円（2000年度）から12・4兆円（2020年度予算）へと増大し、65歳以上が支払う介護保険料（基準月額・全国平均）は、当初（第1期：2000年～2002年度）の2911円から6014円（第8期：2021年～2023年度）へと2倍以上に上昇しました。

今後、戦後ベビーブーム世代が全員75歳以上になる2025年、団塊ジュニア世代が高齢者になる2040年に向けて全国的にはますます介護需要は高まります。人びとの老後不安を解消し、「尊厳ある老後」を実現するためには、介護制度のいっそうの充実・拡大が求められています。

ところが、政府は、①伸び続ける介護費用は多大な財政負担が必要になり介護保険料の高騰など国民負担を増大させる　②少子化により現役世代が減少し現在でも深刻な人手不足となっている介護従事者の確保がますます困難になると、「カネ」も「ヒト」も不足するかのように描き出し、「介護保険制度の持続可能性」に赤信号がともっていると危機感をあおっています。そして、「制度の持続可能性確保」のためにと、持ちだしてきたのが「自立支援介護」です。予防医療の推進による「健康寿命の延伸」とともに、介護給付費増大に歯止めをかけるためには「自立」＝介護の要らない高齢者を増やすことが必要という政策的な動機からです。

「自立支援介護」は単純化して言うと、①要介護者が「自立」する、②介護サービスが不要になる人が多くなる、③介護費用が抑えられるということです。政府・厚生労働省だけでなく、少なくない自治体も介護給付費抑制の「切り札」のように「自立支援介護」をとらえています。

2 「介護予防重視」から「自立支援介護」への変遷

政府は介護保険制度スタート以降、増え続ける介護需要に対し、それに応えるべく制度とサービス内容を改善・向上させるのでなく、介護費用を抑制することを優先させてきました。介護事業所に支払う「介護報酬」を3年ごとの改定でマイナス改定を繰り返し、サービス内容にも制限を強めてきました。この一環として「介護予防重視への転換」が行われ、今日の「自立支援介護」へと続いてきました。その変遷について介護保険法改正の経過とともに見ていきます。

(1) 2005年法改正「予防重視型システムへの転換」~厚生労働省も「低調」と認める結果に

2005年の介護保険法改正(2006年度から実施)では、2000年の介護保険施行時から急速に増えた介護給付費を抑制するために「予防重視型システムへの転換」として「介護予防」を前面にした見直しがされました。主な内容は、①従来の要支援者(要支援1)に加え要介護1の大半を要支援2として「新予防給付」の対象とし、②要支援者のケアマネジメントをケアマネジャー(居宅介護支援事業所)から分離し地域包括支援センター(介護予防支援事業所)へと移し、③地域支援事業を作って虚弱高齢者を中心に「介護予防事業」始めたことです。

※地域支援事業の介護予防は、一般高齢者対象の一次予防事業と「特定高齢者」(要支援・要介護状態になるおそれのある者)対象の「二次予防事業」からなっていました。

図1-1

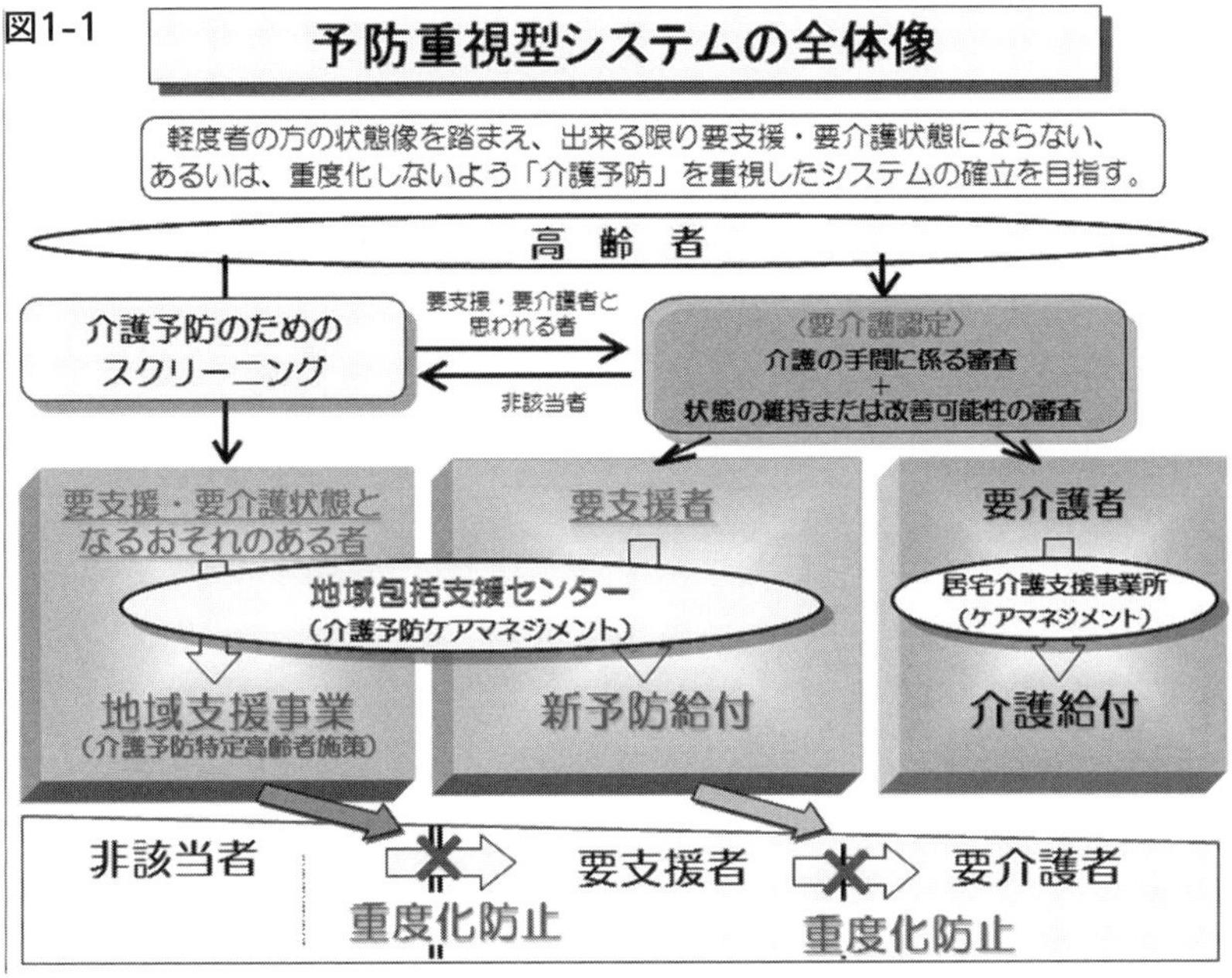

出所：厚生労働省＞2005年度介護保険法改正＞予防重視型システムの全体像

この「予防重視型システム」（図１－１）では、介護予防に「数値目標」を設定し、市町村の介護保険事業計画に9年後（２０１４年度）を見越した介護予防目標を強制しました。厚生労働省は、「新予防給付」により要介護２以上への移行を防止する者の割合を10％減らし、給付費用を20％減少させることを目標とし、「介護予防事業」では、高齢者人口の５％を介護予防教室など二次予防事業に参加させ、要支援・要介護状態となることを防止する者の割合は20％としました。全国推計で要介護２～５の人を介護予防により30万人減らし、要支援・要介護１の人は介護予防で10万人減とし、合計40万人の「介護予防効果」があるとしたのです。

この「予防重視型システム」は、ごく一部の自治体を除き、十分機能することなく「失敗」しました。

表1-1　二次予防事業の実績の推移

二次予防事業への参加者数の目標を高齢者人口の5%を目安として取り組んできたが、平成25年度の実績は0.7%と低調である。

年度	高齢者人口（人）※各年度末の高齢者人口を計上	高齢者人口に対する割合				
		基本チェックリスト配布者（配布者数）	基本チェックリスト回収者（回収者数）	基本チェックリスト回収率【回収者数／配布者数（%）】	二次予防事業対象者[*1]（対象者数）	二次予防事業参加者[*2]（参加者数）
H18	26,761,472	―	―	―	0.6%（157,518人）	0.2%（50,965人）
H19	27,487,395	―	―	―	3.3%（898,404人）	0.4%（109,356人）
H20	28,291,360	52.4%（14,827,663人）	30.7%（8,694,702人）	58.6%	3.7%（1,052,195人）	0.5%（128,253人）
H21	28,933,063	52.2%（15,098,378人）	30.1%（8,715,167人）	57.7%	3.4%（984,795人）	0.5%（143,205人）
H22	29,066,130	54.2%（15,754,629人）	29.7%（8,627,751人）	54.8%	4.2%（1,227,956人）	0.5%（155,044人）
H23	29,748,674	55.8%（16,586,054人）	34.9%（10,391,259人）	62.6%	9.4%（2,806,685人）	0.8%（225,667人）
H24	30,949,615	48.6%（15,047,457人）	31.7%（9,798,950人）	65.1%	9.6%（2,962,006人）	0.7%（225,761人）
H25	31,720,621	49.0%（15,538,760人）	31.0%（9,837,661人）	63.3%	9.5%（3,014,017人）	0.8%（246,130人）

*1　二次予防事業対象者：当該年度に新たに決定した二次予防事業の対象者と前年度より継続している二次予防事業者の総数を計上している。
*2　二次予防事業参加者
・平成18～19年度は、通所型介護予防事業及び訪問型介護予防事業の参加者を計上している。
・平成21～23年度は、通所型介護予防事業、訪問型介護予防事業及び通所型・訪問型以外で介護予防に相当する事業の参加者を計上している。
・平成24,25年度は、介護予防事業における二次予防事業の参加者と、介護予防・日常生活支援総合事業における要支援・二次予防事業の予防サービス事業の利用者のうち二次予防事業対象者の合計数を計上している。

出典：介護予防事業報告

出所：厚生労働省＞平成27年度 第1回 都道府県介護予防担当者・アドバイザー合同会議＞地域づくりによる介護予防の推進

「新予防給付」については、訪問介護（ホームヘルプ）、通所介護（デイサービス）、通所リハビリテーションなどを月額報酬化し、「介護予防目標」などを予防プランで押し付けましたが、要介護認定者を減らすような予防効果は得られませんでした。「介護予防事業」は、毎年市町村が高齢者に「基本チェックリスト」を配布し、二次予防事業対象者（要支援・要介護状態になるおそれのある高齢者）を把握しようとしたものの、介護予防教室などへの参加者は目標（高齢者人口の5％）には遠く及ばず、0・2～0・8％にとどまりました。介護予防事業を開始して8年目の2013（平成25）年度でも、当時3172万人の高齢者の約半分の1553・8万人に「基本チェックリスト」を配布し983・7万人から回収し、301・4万人を「二次予防事業対象者」としながら実際に予防事業に参加した人は24・6万人という「実績」でした。厚生労働省自身も「低調である」（平成25年度介護予防事業報告書）と認める結果となりました（表1－1）。

（2）2014年法改正（2015年〜2017年度施行）新総合事業〜介護予防の「互助」化

政府は、2014年介護保険法改正（介護・医療総合確保法による改正）で、要支援者向けサービスと介護予防事業を大きく転換しました。

要支援1、2の訪問介護（ホームヘルプサービス）と通所介護（デイサービス）を保険給付から排除して、地域支援事業（介護予防・日常生活支援総合事業）へと移行させました。従来の全国一律の予防給付から、市町村ごとに「多様なサービス」へと置き換えていこうとしました。無資格・低価格サービスである「A基準緩和型」、有償ボランティアによる「B住民主体型」、3カ月〜6カ月で卒業させる「C短期集中型」などです。厚生労働省はとくに短期集中型による「卒業」の促進と、その受け皿としての住民ボランティアを推奨しました。

介護予防事業は、二次予防事業を廃止し、一般高齢者向け介護予防事業（一次予防事業）と統合し「一般介護予防事業」にしました。元気高齢者と虚弱高齢者が一緒に参加する「通いの場」を中心とする介護予防です。

厚生労働省の総合事業ガイドラインでは、「支援する側とされる側という画一的な関係性でなく、地域とのつながりを維持しながら、有する能力に応じた柔軟な支援を受けていくことで、自立意欲の向上につなげていく」「地域で社会参加できる機会を増やしていくことが、高齢者の介護予防にもつながっていく。できる限り多くの高齢者が、地域で支援を必要とする支え手となっていくことでより良い地域づくりにつながる」と強調しています。生活支援と介護予防を住民主体のサービスや通いの場に移行させることが、「自立意欲の向上」「介護予防」「地域づくり」につながると一石三鳥のバラ色の構図を描きました。生活支援と介護予防の「互助化」というべき方向です。この総合事業は2015年度から2017年度の3年間をかけて全市町村で実施されました。

また、介護保険法に「地域ケア会議」開催を市町村の努力義務とし（介護保険法第115条の48）、2016年度から「介護予防活動普及展開事業」を開始し、要支援者等を対象に自立支援・介護予防の観点を踏まえた地域ケア個別会議を全国に広げていきました。

（3）2017年法改正（2018年度施行）　保険者機能強化

2017年の地域包括ケアシステム強化法による介護保険法改正では、「市町村の保険者機能の抜本的強化」を打ち出しました。「保険者機能の抜本的強化」とは、それまで個別のケアマネジメントや利用者支援はケアマネジャーに委ね、基盤整備や需給調整を中心におこなってきた市町村に対し、「自立支援・重度化」の目標をもって、個別のケアマネジメントにも関与し、「自立支援型介護」へと転換していく役割を果たさせようとするものでした。

2017年法改正では、「自立支援・重度化防止に向けて取り組む仕組みの制度化」として、①市町村に、国から提供されたデータを分析し策定する介護保険事業計画に介護予防・重度化防止等の取組内容と目標を記載することを義務化、②都道府県による市町村に対する支援事業の創設、③財

図1-2　保険者機能の強化等による自立支援・重度化防止に向けた取組の推進

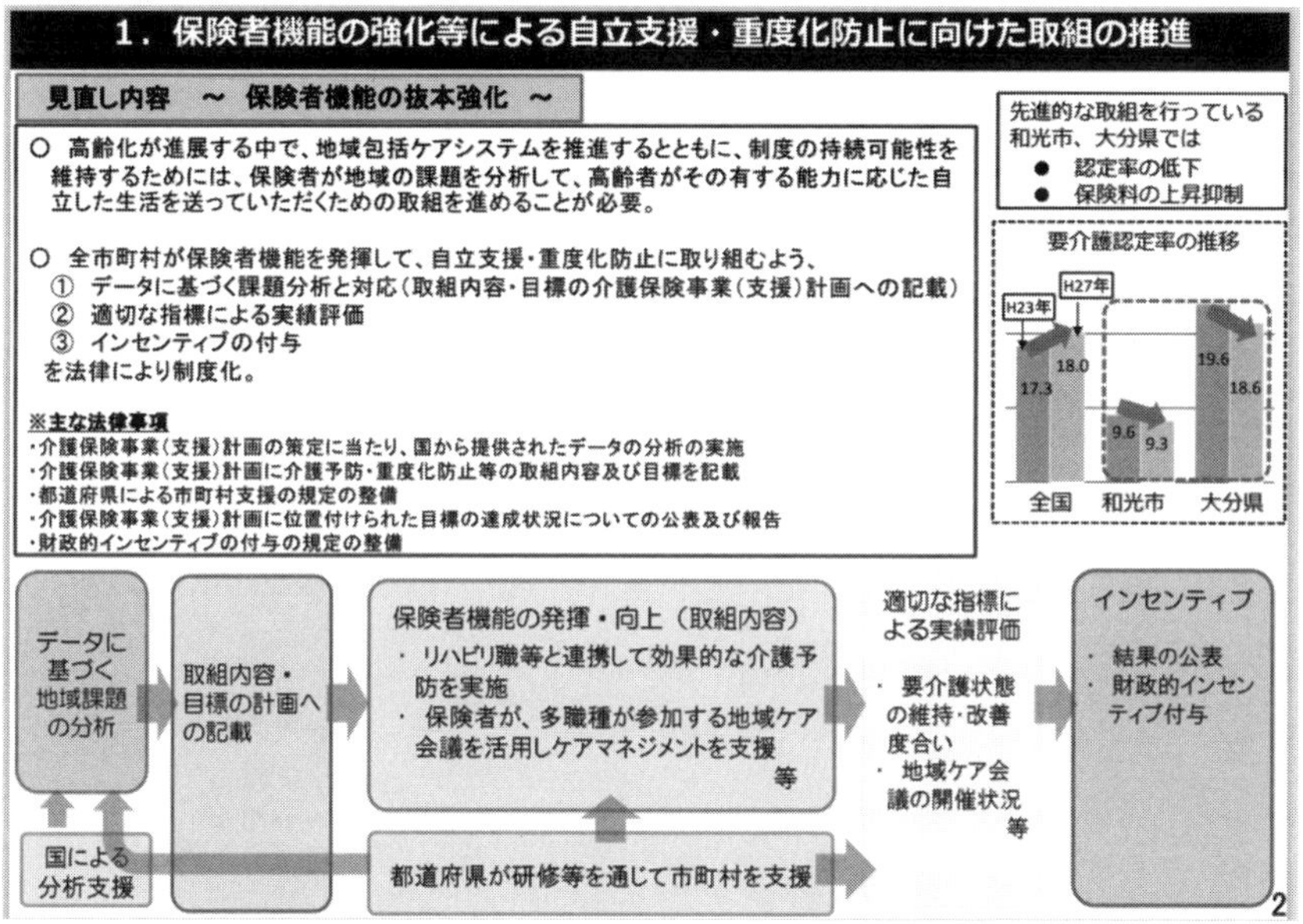

出所：厚生労働省老健局「地域包括ケアシステムの強化のための介護保険法等の一部を改正する法律案のポイント」

政的インセンティブの付与（実績評価に基づく交付金）というものでした。

政府の改定法説明資料（図1－2）には、要介護認定率が下がった自治体（埼玉県和光市、大分県）を「先進的取り組み」と評価し、これを全自治体に広げ、「要介護状態改善」の取組と実績を評価し国に報告することを義務付け、自治体には国の評価指標に応じて「財政的インセンティブ」として新たに交付金を与える仕組みをつくったのです（図1－2）。

市町村は「アメ」（国からの交付金）をぶら下げられ、「ムチ」（目標設定と評価の義務化と都道府県の指導）によって、要介護認定を受ける人を抑制し、サービス利用を抑え給付費を減らすことに駆り立てられることになりました。

ケアマネジメントを市町村が支配・統制

「自立支援・重度化防止」の取り組みの中心は、ケアマネジメントを「自立支援型」にするための介入です。厚生労働省は、「高齢者の自立支援、重度化防止等の取組を支援するための交付金に関する評価指標」（以下「評価指標」）を定め、市町村にケアマネジメントに積極的に関与するように求め、①ケアマネジメントに関する基本方針作成とケアマネジャーへの周知、②地域ケア会議において多職種と連携して、自立支援・重度化防止等に資する観点から個別事例の検討を行い、対応策を講じることをあげ、その実施率や検討件数の割合などで評価するとしました。２０１８年度から居宅介護支援事業者の指定・指導監督権限が市町村に移譲されたこともあり、市町村がケアマネジャーの個別ケアマネジメントに全面的に加入し、「自立支援型」へと変えていくことを推進しようとしているのです。２０１８年10月からケアマネジャーに義務つけられた「一定回数を超える訪問介護（生活援助中心型）を位置付けたケアプランの市町村への提出義務」と市町村による検証はその一環です。

要介護度の「変化率」を評価

評価指標（表１－２）は、アウトカム（結果）指標として、要介護認定者の要介護度の「変化率」なるものを持ち込み、一定期間における、要介護認定者の「要介護認定等基準時間」（一次判定）の変化率と、「要介護認定」（二次判定）の変化率をあげました。

交付金の拡大と成果主義強化へ

表1-2

＜参考＞市町村評価指標 ※主な評価指標

① PDCAサイクルの活用による保険者機能の強化
☑ 地域包括ケア「見える化」システムを活用して他の保険者と比較する等、地域の介護保険事業の特徴を把握しているか等
② ケアマネジメントの質の向上
☑ 保険者として、ケアマネジメントに関する保険者の基本方針を、ケアマネジャーに対して伝えているか等
③ 多職種連携による地域ケア会議の活性化
☑ 地域ケア会議において多職種が連携し、自立支援・重度化防止等に資する観点から個別事例の検討を行い、対応策を講じているか
☑ 地域ケア会議における個別事例の検討件数割合はどの程度か等
④ 介護予防の推進
☑ 介護予防の場にリハビリ専門職が関与する仕組みを設けているか
☑ 介護予防に資する住民主体の通いの場への65歳以上の方の参加者数はどの程度か等
⑤ 介護給付適正化事業の推進
☑ ケアプラン点検をどの程度実施しているか
☑ 福祉用具や住宅改修の利用に際してリハビリ専門職等が関与する仕組みを設けているか等
⑥ 要介護状態の維持・改善の度合い
☑ 要介護認定者の要介護認定の変化率はどの程度か

表1-3

保険者機能強化推進交付金・介護保険保険者努力支援交付金

令和3年度予算額：400億円
【内訳】
保険者機能強化推進交付金：200億円
介護保険保険者努力支援交付金：200億円
【概要】
各市町村が行う自立支援・重度化防止の取組及び都道府県が行う市町村に対する取組の支援に対し、それぞれ評価指標の達成状況（評価指標の総合得点）に応じて、交付金を交付する。
【主な指標】
①PDCAサイクルの活用による保険者機能の強化
②ケアマネジメントの質の向上
③多職種連携による地域ケア会議の活性化
④介護予防の推進
⑤介護給付適正化事業の推進
⑥要介護状態の維持・改善の度合い

保険者機能強化推進交付金は2018～2019年度は総額200億円（うち市町村分190億円）を成績に応じて配分するものでしたが、2020年度からは一挙に倍化（保険者機能強化推進交付金200億円＋保険者努力支援交付金200億円）しました（**表1－3**）。評価指標は、いっそう「成果」を求める方向で、全世代型社会保障検討会議中間報告でも「先進自治体の介護予防モデルの横展開を進めるために…インセンティブ交付金の抜本的な強化を図る」とその狙いを明確にしています。

（4）2020年法改正（2021年度施行）　データ活用、地域共生社会

2020年の介護保険法改正（地域共生社会の実現のための社会福祉法等の一部を改正する法律による）では、①医療・介護のデータ基盤の整備（厚生労働省が「高齢者の状態」「介護サービスの内容」等の情報収集、医療・介護のデータベースの連結活用などを可能とする規定等）②自治体に介護保険施策等の包括的に推進にあたって地域共生社会の実現に資するよう努めることなどを規定しました。

この「医療・介護のデータ基盤整備」は、2021年度介護報酬改定で、「科学的介護」と称する「自立支援・重度化防止」の各種加算の導入の基礎となるものでした。

3　2021年度介護報酬改定　介護現場の変質、ケア内容への統制を狙う内容

2021年度介護報酬改定では、介護サービス内容を大きく変質させる「仕掛け」が盛り込まれました。その中心が「科学的介護の推進」です。厚生労働省が作った新たなデータベースである「科学

的介護情報システム」（（Long-term care Information system For Evidence;LIFE ライフ）に介護事業所（施設系、通所系、居住系、多機能系サービス）がすべての利用者の情報（日常生活動作、栄養、口腔・嚥下、認知症等）を定期的に提出し、システムからフィードバックを受け、事業所はケアの在り方を検証し、サービス計画を見直すという仕組みです。

厚生労働省は、「制度の目的に沿って、質の評価やデータ活用を行いながら、科学的に効果が裏付けられた質の高いサービスの提供を推進」と説明しています。

（1）成長戦略の一環としての「科学的介護」

この「科学的介護」は、要介護高齢者のニーズや介護現場の抱える課題とは別な次元から持ち込まれたものです。政府と財界は、人口減少・超高齢社会を迎える中で、成長戦略の「鍵」をＩｏＴ（Internet of Things：モノのインターネット）、ビッグデータ、人工知能（ＡＩ）、ロボット等のイノベーションに見出しています。この新たな技術革新を活用して様々な社会問題を解決する「Society 5.0」を実現するためにまとめたのが、「未来投資戦略」（２０１７年6月）です。この中では「勝ち筋となり得る『戦略分野』への選択と集中を行うべき」として5分野をあげていますが、そのトップが「健康寿命の延伸」です。グローバルにも突出した高齢化と国民皆保険制度・介護保険制度下でデータが豊富にあるという事情が世界で「勝ち筋」になり得るというわけです。２０２５年を目標に、ビッグデータ・ＡＩなど技術革新を最大限活用し、最適な健康管理と診療、自立支援に軸足を置いた介護など、「新しい健康・医療・介護システム」を確立し、健康寿命が延伸し世界に先駆けて生涯現役社会を実現させるとしています。

これを受けて厚生労働省は「データヘルス改革」として医療・介護データの利活用基盤の構築等と、「効果的効率的な医療・介護サービスの提供」としてICT等の活用や多職種連携の仕組みづくりを行い、「医療・介護サービスの生産性の向上」「健康寿命の更なる延伸」を実現するとしてきました。

2020年7月に閣議決定された「経済財政運営と改革の基本方針2020~危機の克服、そして新しい未来へ~」では、「『新たな日常』構築の原動力となるデジタル化への集中投資・実装とその環境整備（デジタルニューディール）」として、コロナ危機に便乗する形で社会のデジタル化を一気に進めようとしています。医療分野では、①全国で医療情報を確認できる仕組みの拡大、②電子処方箋の仕組みの構築、③自身の保健医療情報を活用できる仕組みの拡大をオンライン資格確認等システムやマイナンバー制度等の既存インフラを最大限活用しつつ、2022年度中の運用開始を目指すとしています。厚生労働省は、「新たな日常にも対応するデジタル化を通じた強靱な社会保障を構築する」とまで言っています。

介護分野では、「科学的に自立支援等の効果が裏付けられた介護を実現するため、科学的分析に必要なデータを新たに収集し、世界に例のないデータベースをゼロから構築」するとして、介護関連データベースを整備してきました。従来あった「介護保険総合データベース」（市町村からの要介護認定情報と介護レセプト等情報を収集）に加え、「通所・訪問リハビリテーションの質の評価データ収集等事業の情報」（通称“VISIT” monitoring & eValuation for rehabIlitation ServIces for long-Term care：2017年度から、通所・訪問リハビリテーション事業所からリハビリテーション計画書等の情報を収集、フィードバック）、「高齢者の状態・ケアの内容等の情報」（通称"CHASE" Care, HeAlth Status & Events：２０２０年から運用開始）を整備してきました。

今回の介護報酬改定で、ＶＩＳＩＴとＣＨＡＳＥを統合し「科学的介護情報システム」（ＬＩＦＥ）とし、介護サービス利用者とケアの情報が厚生労働省のデータベース（ＬＩＦＥ）に集中し、事業所にフィードバックされるシステムの本格的な導入をおこないました。

（2）「科学的介護」と「自立支援・重度化防止」

技術革新の成果であるＩＣＴ（情報通信技術）等やデータを医療や介護に活用することは一般的には否定できません。しかし、問題はその目的と方法です。

未来投資会議が開始された２０１６年、同会議の議長である安倍総理（当時）は、「できないことをお世話する介護」から、パラダイムシフトを起こして、「自立支援」に軸足を置き、「介護が要らない状態までの回復を目指す」とし、介護の報酬・人員配置基準などの改革に踏み込んでいくと発言しました（２０１６年11月10日第2回未来投資会議）。これまでの介護を「お世話型介護」と非難し、これからは「自立支援型介護」へ転換すると政府のトップである首相が宣言したのです。

総合事業や保険者機能強化を通じて推進された「自立支援介護」は、要支援１、２や要介護１、2を対象とした「卒業」や「重度化防止」が中心で虚弱高齢者の介護予防も含むものでした。しかし、未来投資会議等での議論は、「要介護5の人も改善する」などという特定の理論（竹内理論）まで持ち出し、介護現場に「改革」を迫るとしたのです。

「科学的介護」なるものはこのような「自立支援介護」を介護現場に押し付ける手段です。厚生労働省が科学的介護の検討のために設けた「科学的裏付けに基づく介護に係る検討会」では、医療分野では「エビデンスに基づく医療」が実施されているが、介護分野では「科学的に効果が裏付けられた介護」が十分に実践されていないとして、治療によって疾病の治癒・回復を目指してきた医療と介護を意図的に同列に扱うような議論を重ねました。そして、出された結論が①エビデンスに基づいた介護の実践、②科学的に妥当性のある指標等の現場からの収集・蓄積及び分析、③分析の結果を現場にフィードバックすることで更なる科学的介護を推進というものです。

２０２１年度介護報酬改定では、すべての事業所にＬＩＦＥへのデータ提出とフィードバック活用を推奨し、通所系サービス、多機能系サービス、施設系サービス、居住系サービスには、事業所の全利用者のデータをＬＩＦＥへ提出しフィードバックデータを活用することで算定できる「科学的介護推進体制加算」を新設しました（表１－４）。

さらに、各種加算にＬＩＦＥへのデータ提出・活用を要件としたり、ＬＩＦＥ活用でより高い区分の加算が得られるようにして、14種類のサービス、21の加算にＬＩＦＥへのデータ提出・活用を関連付けました。２０２１年度介護報酬改定は基本報酬の実質改善がわずかであるため、多くの事業所は加算を取得しない限り、収入増とはなりません。加算をエサに介護事業所を一気に「科学的介護推進」の流れに巻き込もうという魂胆だといえます（表１－５）。

２０２１年度介護報酬改定では、「自立支援・重度化防止」関連で、アウトカム（成果）による加算を拡充し、ＬＩＦＥ関連加算と相まって、事業所を誘導するインセンティブを多く持ち込みまし

表1-4　科学的介護推進体制加算

【施設系サービス】
科学的介護推進体制加算（Ⅰ）40単位／月
科学的介護推進体制加算（Ⅱ）60単位／月
（※介護老人福祉施設、地域密着型介護老人福祉施設入所者生活介護は50単位/月）
【通所系・居住系・多機能系サービス】
科学的介護推進体制加算 40単位／月
＜算定要件＞
以下のいずれの要件も満たすことを求める。
①入所者・利用者ごとの、ADL値、栄養状態、口腔機能、認知症の状況その他の入所者の心身の状況等の基本的な情報を、厚生労働省に提出する。
②必要に応じてサービス計画を見直すなど、サービスの提供に当たって、上記の情報その他サービスを適切かつ有効に提供するために必要な情報を活用する。

筆者作成

た。例えば「ADL維持加算」（2018年度報酬改定で通所介護に導入。加算Ⅰが3単位／月、加算Ⅱが6単位／月）を一挙に10倍の30単位／月、60単位／月に増やし、対象サービスも認知症対応型通所介護、特定施設入居者生活介護、地域密着型特定施設入居者生活介護、介護老人福祉施設、地域密着型介護老人福祉施設入所者生活介護へと拡大しました。

さらに、象徴的な自立支援型加算として、通所介護・通所リハビリテーションにおける「入浴介助加算」の見直しがあります。従来は、利用者に対し「適切な人員と設備」をもって入浴介助を実施すれば1回あたり50単位の加算が算定できました。2021年度介護報酬改定では、これを「入浴介助加算Ⅰ」として10単位切り下げて40単位に減額し、新たに「入浴介助加算Ⅱ」（通所介護55単位、通所リ

表1-5　LIFEの活用等が要件として含まれる加算一覧（施設・サービス別）

LIFEの活用等が要件として含まれる加算一覧（施設・サービス別）　別添1

	科学的介護推進加算（Ⅰ）科学的介護推進加算（Ⅱ）	個別機能訓練加算（Ⅱ）	ADL維持等加算（Ⅰ）ADL維持等加算（Ⅱ）	リハビリテーションマネジメント計画書情報加算	理学療法、作業療法及び言語聴覚療法に係る加算	褥瘡マネジメント加算（Ⅰ）褥瘡マネジメント加算（Ⅱ）	褥瘡対策指導管理（Ⅱ）	排せつ支援加算（Ⅰ）排せつ支援加算（Ⅱ）排せつ支援加算（Ⅲ）	自立支援促進加算	かかりつけ医連携薬剤調整加算	薬剤管理指導	栄養マネジメント強化加算	口腔衛生管理加算（Ⅱ）
介護老人福祉施設	○	○	○			○		○	○			○	○
地域密着型介護老人福祉施設入所者生活介護	○	○	○			○		○	○			○	○
介護老人保健施設	○			○		○		○	○	○		○	○
介護医療院	○				○		○	○	○		○	○	○

	科学的介護推進加算	個別機能訓練加算（Ⅱ）	ADL維持等加算（Ⅰ）ADL維持等加算（Ⅱ）	リハビリテーションマネジメント加算（A）ロ リハビリテーションマネジメント加算（B）ロ	褥瘡マネジメント加算（Ⅰ）褥瘡マネジメント加算（Ⅱ）	排せつ支援加算（Ⅰ）排せつ支援加算（Ⅱ）排せつ支援加算（Ⅲ）	栄養アセスメント加算	口腔機能向上加算（Ⅱ）
通所介護	○	○	○				○	○
地域密着型通所介護	○	○	○				○	○
認知症対応型通所介護（予防含む）	○	○	○（予防を除く）				○	○
特定施設入居者生活介護（予防含む）	○	○	○（予防を除く）					
地域密着型特定施設入居者生活介護	○	○	○					
認知症対応型共同生活介護（予防を含む）	○							
小規模多機能型居宅介護（予防含む）	○							
看護小規模多機能型居宅介護	○				○	○	○	○
通所リハビリテーション（予防含む）	○			○（予防を除く）			○	○
訪問リハビリテーション				○（予防を除く）				

出所：厚生労働省老健局老人保健課事務連絡「科学的介護情報システム（LIFE）」の活用等について（令和３年２月19日）

図1-3

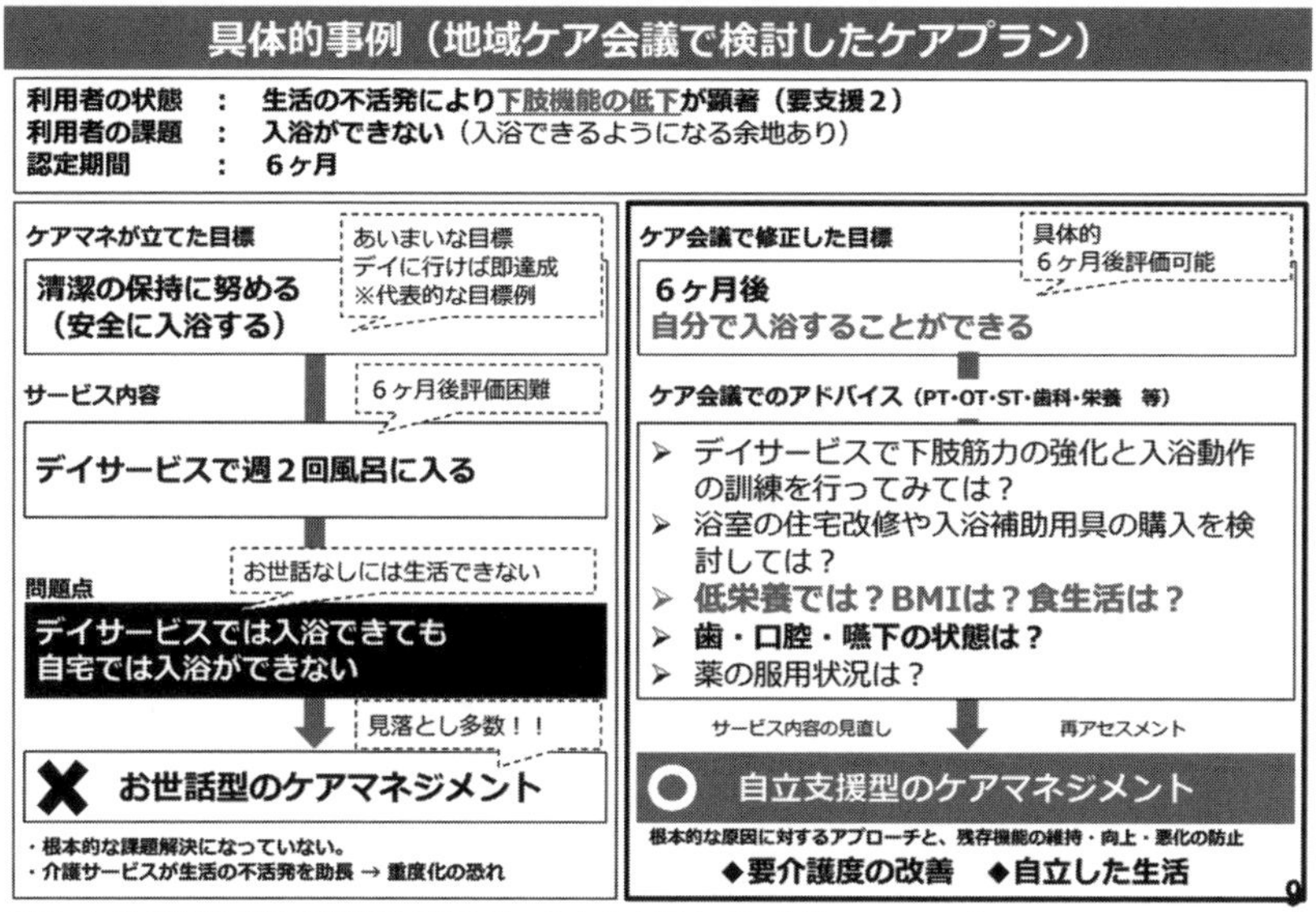
具体的事例（地域ケア会議で検討したケアプラン）
利用者の状態　：　生活の不活発により下肢機能の低下が顕著（要支援２）
利用者の課題　：　入浴ができない（入浴できるようになる余地あり）
認定期間　：　６ヶ月
ケアマネが立てた目標
あいまいな目標
デイに行けば即達成
※代表的な目標例
清潔の保持に努める
（安全に入浴する）
サービス内容
６ヶ月後評価困難
デイサービスで週２回風呂に入る
お世話なしには生活できない
問題点
デイサービスでは入浴できても
自宅では入浴ができない
見落とし多数！！
お世話型のケアマネジメント
・根本的な課題解決になっていない。
・介護サービスが生活の不活発を助長 → 重度化の恐れ
ケア会議で修正した目標
具体的
６ヶ月後評価可能
６ヶ月後
自分で入浴することができる
ケア会議でのアドバイス（PT・OT・ST・歯科・栄養　等）
デイサービスで下肢筋力の強化と入浴動作の訓練を行ってみては？
浴室の住宅改修や入浴補助用具の購入を検討しては？
低栄養では？BMIは？食生活は？
歯・口腔・嚥下の状態は？
薬の服用状況は？
サービス内容の見直し
再アセスメント
自立支援型のケアマネジメント
根本的な原因に対するアプローチと、残存機能の維持・向上・悪化の防止
◆要介護度の改善　◆自立した生活

出所：厚生労働省老健局振興課「高齢者の自立を支援する取り組みについて」

ハビリテーション60単位）を作ったのです。これは自宅での入浴の自立を図る観点からの見直しとされ、専門職が自宅を訪問し浴室環境を評価し、個別入浴計画を作成し、入浴介助を行うというものです。実は、通所系サービスにおける「入浴」は自立支援介護の典型例とされてきた経過があります。2015年度から開始された総合事業（介護予防・日常生活支援総合事業）では、デイサービスでいつまでも入浴するのは「お世話型」で×、6か月後に自分で入浴することをめざすのが「自立支援型」で○などという研修資料も配られていました。まさに、これをそのまま介護報酬化した見直しです（図1－3）。

今回の介護報酬改定で「科学的介護」を軸に推進される「自立支援・重度化防止」は、介護事業者を報酬を通じて「自立支援介護」へと駆り立てようとするものです。これらを

通じて介護現場はどうなるでしょうか。

まず要介護者本人よりもＬＩＦＥの指標やデータに重きを置いた介護になる危険性があります。利用者と向きあい話を傾聴するよりもデータばかりを見るような介護スタッフが生まれはしないでしょうか。さらに、全国平均や全国標準との比較がフィードバックされることで、介護の「標準化」の名のもとに介護内容が画一的になり統制されていく可能性があります。介護は１人ひとりの高齢者の生きてきた歴史、考え方や価値観、暮らし方などを踏まえてその人らしい自己実現を人生の最期まで支援するという「個別性」に特徴があります。これらの個別的・人間的関りがＬＩＦＥ活用を通じて介護現場から失われはしないでしょうか。今回、直接的にはケアマネジャーにはＬＩＦＥ関連加算は持ち込まれていませんが、データを活用した「自立支援に資する最適なケアプラン作成」を求められ、ＡＩの活用も迫られることになっていくでしょう。

そして何よりも、提供される介護情報を厚生労働省が一手に分析活用することの危険性です。次期の２０２４年度介護報酬改定では、ＬＩＦＥデータベース運用で蓄積されるエビデンス・データに基づいて評価指標を確立していく「成功報酬」の全面的導入に道を開くことになります。さらに介護サービスの基準について、厚生労働省が独占するデータを「根拠」として、さらに介護サービスの基準緩和・切り下げが進められるかもしれません。厚生労働省のデータ分析を通じて科学的な効果が得られたかどうかでサービス評価が決まり、基本報酬や加算が増減されることになり、場合によっては介護サービスの統廃合の根拠にされかねません。これまで「統計の恣意的利用」を重ねた「前科」のある厚生労働省が、介護給付削減の手段にビッグデータを悪用しないという保証はなにもないのです。

表1-6

「予防重視型システム」・「給付適正化」から「自立支援介護」へ
介護保険制度見直しの経過

2000年	4月	**介護保険開始**
2003年	4月	**第1回報酬改定**　▲2.3%
2005年	7月	**介護保険法改正**
	10月	**食費・居住費の自己負担化、施設利用者に補足給付**
2006年	4月	**制度改定実施　「予防重視型システムへの転換」** ①要介護1の大半を⇒要支援2に移行。要支援1、2は「新予防給付」へ ②介護予防事業を中心とする「地域支援事業」創設 ③地域包括支援センターが制度化、要支援1,2のケアマネジメントを担う **第2回報酬改定**　▲2.4%
2007年	6月	**「給付適正化指針」**給付適正化計画を策定、給付適正化事業実施
2009年	4月	**第3回報酬改定**　初めてのプラス改定。＋3.0%。
	10月	**介護職員処遇改善交付金**
2012年	4月	**第4回報酬改定**　＋1.2%（実質▲0.8%） 処遇改善交付金は廃止。報酬に「処遇改善加算」
2014年	6月	**介護保険法改正（医療介護総合確保法）** ①要支援の訪問介護と通所介護は総合事業へ、②特養ホームは要介護3以上、③補足給付に資産等要件化、④所得に応じ2割負担、⑤地域ケア会議を努力義務化
2015年	4月	**総合事業実施開始（2015～17年度）** **第5回報酬改定**　▲2.27%（実質▲4.48%）
2016年	4月	介護予防活動普及展開事業開始（自立支援・介護予防の観点から施する地域ケア会議の普及促進）
	11月	第2回未来投資会議で首相「自立支援介護へのパラダイムシフト」発言
2017年	5月	**介護保険法改正（地域包括ケアシステム強化法）** 自立支援・重度化防止のための保険者機能強化推進交付金を制度化、3割負担導入
2018年	4月	**第6回報酬改定**　＋0.54% ADL維持加算新設、リハビリテーションデータを評価するリハビリマネジメント加算（Ⅳ）新設 **保険者機能強化推進交付金（200億円）**
2019年	10月	**特定処遇改善加算**
2020年	4月	**保険者機能強化推進交付金に保険者努力支援交付金を加え400億円に**
	6月	**介護保険法改正** 介護データ基盤整備強化のため国にデータ収集権限
2021年	4月	**第7回報酬改定**　＋0.70% 科学的介護推進加算新設、科学的介護情報システム（LIFE）開始 自立支援型の加算を多数新設

筆者作成

第2節　「自立支援介護」による自立の変質

新井康友（佛教大学社会福祉学部）

はじめに

介護保険制度創設の議論をしていた当時、多くの国民は老老介護や介護殺人などの介護問題への早急な解決を求め、介護保険制度への期待が大きく膨らんでいました。そのため、読売新聞社が1997年8月に実施した世論調査では、介護保険制度導入について76％の者が「賛成」で、「反対」はわずか6％でした[1)]。しかし、介護保険制度は改正のたびに介護予防重視政策にシフトし、「自立支援」が強調され、国民の期待を裏切るものになりました。

2016年11月10日に開催された「第2回未来投資会議」の席上、竹内孝仁（日本自立支援介護・パワーリハ学会・理事長）が提唱する自立支援介護の説明を受けた安倍晋三は「これからの介護は、高齢者が自分でできるようになることを助ける『自立支援』に軸足を置く。本人が望む限り、介護が要らない状態までの回復をできる限り目指していく」と提案しました。そして、竹内が提唱する自立支援介護は、一部の介護保険事業者により積極的に推進されています[2)]。

本章では、まず高齢者介護の基本理念と自立の概念について紹介します。そして、厚生労働省が介護給付費抑制のために推し進める「自立支援介護」により歪められた自立の概念について述べます。

1　高齢者介護の基本理念の検討過程

介護保険構想が初めて公的文書に登場したのは、1994年9月の厚生省（当時）・社会保障制度審議会・社会保障将来像委員会「第二次報告」です。報告書では「介護保障とは、寝たきりなどの生活上手助けを必要とする人とその手助けを行う家族の生活を守るために、その者が必要とする介護サービスを負担能力に妨げられずに受けられることを保障し、加えて、供給量と質的水準の確保を行う公的施策である」（P11）としています。そして、「公的介護保障制度」ではなく、「公的介護保険制度」とする理由として「長寿社会にあたってはすべての人が、期間はともかく相当程度の確率で介護の必要な状態になり得ることから、保険のシステムに馴染むと考えられる」（P11）、「今後の高齢化の進展を考慮しただけでも費用がかかる」（P3）、「保険料を負担する見返りとして、受給は権利であるという意識を持たせることができる（傍線は筆者によるもの。以下も同じ）。また、負担とサービスの対応関係が比較的わかりやすい」（P11）と述べています。

「第二次報告」の前年の1993年2月に出された厚生省（当時）・社会保障制度審議会・社会保障将来像委員会「第一次報告」では、「高齢者の介護等社会保障の一層の充実が要請される。（中略）しかしながら、国民のすべてを公的部門が保障すべきであるとはいえず、基本的には生活の維持・向上は国民各自に第一次責任がある」（P10）、「高齢者や障害者もできる限り自立する努力をする」（P11）と述べられており、高齢者介護について自己責任・自助努力が強調されました。

しかし、厚生大臣（当時）の私的懇談会として1994年7月に設置された「高齢者介護・自立支援システム研究会」は同年12月に報告書「新たな高齢者介護システムの構築を目指して」を取りまとめました。その中で、「高齢者介護は『最期を看取る介護』から、高齢者の『生活を支える介護』へと変化しています。こうした状況を踏まえ、今後の高齢者介護は、『高齢者が自らの意思に基づき、自立した質の高い生活を送ることができるように支援すること（高齢者の自立支援）を基本理念とすべき』」（P135）とし、「今後は、重度の障害を有する高齢者であっても（中略）地域社会の一員として様々な活動に参加するなど、自分の生活を楽しむことができるような、自立した生活の実現を積極的に支援することが、介護の基本理念として置かれるべき」（P79）としています。

翌年の1995年2月から厚生大臣（当時）の諮問機関である老人保健福祉審議会は、介護保険制度創設に向けた審議を始め、同年7月に報告書「新たな高齢者介護システムの確立について（中間報告）」を取りまとめました。その中で、高齢者介護の基本理念を「高齢者自身の希望を尊重し、その人らしい、自立した質の高い生活が送れるよう、社会的に支援していくこと」としています。

そして、老人保健福祉審議会は、1996年4月に最終報告書「高齢者介護保険制度の創設に向けて」を取りまとめ、介護保険制度創設に向けた議論が本格化し、1997年12月に介護保険法が成立しました。同法では「その有する能力に応じ自立した日常生活を営むことができるよう、必要な保健医療サービス及び福祉サービスに係る給付を行う」（介護保険法第1条）とした上で、「被保険者が要介護状態となった場合においても、可能な限り、その居宅において、その有する能力に応じ自立した日常生活を営むことができるように配慮されなければならない」（同法第2条の4）としています。

厚生労働省・老健局長の私的研究会として2003年3月に設置された「高齢者介護研究会」は同

年6月に報告書「2015年の高齢者介護～高齢者の尊厳を支えるケアの確立に向けて～」を取りまとめました。その中で、「『高齢者が尊厳をもって暮らすこと』を確保することが最も重要であるとしたうえで、高齢者がたとえ介護を必要とする状態になっても、その人らしい生活を自分の意思で送ることを可能とすること（＝高齢者の尊厳を支えるケアの実現）」としています。そして、2005年の介護保険法改正では、高齢者の誰もが尊厳をもって、住み慣れた地域でその人らしい生活が送れるように介護保険法に「尊厳の保持」が明確に規定されました。

つまり、高齢者介護の基本理念として当初、自己責任・自助努力を強調していましたが、その後の検討過程において、高齢者が尊厳をもって、その有する能力に応じ自立した日常生活が送れるよう、社会的に支援することとされました。

2　自立とは

自立とは、一般的に身体的自立、精神的自立、経済的自立などをイメージしやすいです。要介護状態にある高齢者の自立でも身体的自立だけではなく、精神的自立、経済的自立などを維持していかなければなりません。つまり、健康状態に関わらず、また障がいの有無に関わらず、自ら主体的に生活を営むことです。それは、他者の援助を受けながらも、自ら主体的に生活を営むことが自立です。

しかし最近、厚生労働省が示す介護保険制度の「自立」とは「介護が要らない」状態であり、「自立支援」という名のもとに介護保険サービスの利用を抑制しようとしています。しかし、「介護を受けないことが自立」という考え方は1960年代に否定されています。

1962年にアメリカ・カリフォルニア大学バークリー校に入学した重度心身障がいのある学生エド・ロバーツ（Edward Roberts）が発した以下の有名な言葉があります。

「他人の助けを借りて15分で衣服を着、外に出かけていく障がい者は、自分で衣服を着るのに2時間をかけて結局家にいるほかない障がい者よりも、自立している」

要支援・要介護状態になって、誰かの介護を必要としても、自分の意思で、自らの生き方を決めることが自立です。自己決定権の行使こそが自立であって、そのために、介護保険サービスを受けることは、決して間違いではありません。自分の意思を持ち、その実現に向けて活用できる介護保険サービスを利用することこそ、自立です。決して何でも一人でできることが自立とは言っていません。そして、障がい者の自立生活運動では、自立を「身体的自立」「経済的自立」としてではなく、「自己決定」「自己選択」を基礎として考えています。

『介護支援専門員実務研修テキスト』には、自立とは「ADL、IADLの自立、収入・所得にかかわる経済的自立、自分のことを自分で決めるという自己決定・自己選択にかかわる精神的・人格的自立など」[3)]と記されています。しかし、要支援者や介護予防・生活支援サービス事業対象者を対象とする「介護予防ケアマネジメント実務者研修」での自立とは、介護保険サービスを利用しての自立（依存的自立）ではなく、要介護状態等の軽減や改善にとどまらず、介護保険制度からの「卒業」

（介護保険サービス利用の終了）を目指すことになっています[4]。

3　「自立支援介護」による自立の矮小化

（1）介護保険法による「自立」とは

介護保険制度は、「利用者本位」「利用者の選択の尊重」「自立支援」の3つの基本理念を謳っています。介護保険法第1条（目的）には「尊厳を保持し、その有する能力に応じ自立した日常生活を営むことができるよう、必要な保健医療サービス及び福祉サービスに係る給付を行う」と謳われています。介護保険法の目的は、要介護状態になった時に介護保険サービスを利用して自立を実現することであり、介護保険サービスを利用しない「自立」を目指すものではありません。介護保険制度は「自立」が目的ではなく、「自立した日常生活」の保障が目的です。しかし、介護保険法には「自立」や「自立支援」について定義はされていません。

（2）竹内孝仁による自立支援介護とは

竹内による自立支援介護とは、「その人の『身体的』『精神的』かつ『社会的』自立を達成し改善また維持するよう、介護という方法によって支援していくこと」としています。また、「高齢障害者（または要介護高齢者）は、高齢期以前は自立し高齢期に老化をはじめ何らかの原因によって障害を生じ、いわゆる要介護高齢者となった人びとをいい、この場合の実践上の課題は『身体的自立』である」[5]と述べています。

竹内が提唱する自立支援介護のアプローチ手法である「4つの基本ケア」とは、①適切な水分摂取（1日1500㎖以上）、②食事（1日1500㎉の栄養摂取）、③排泄ケア（トイレでの自然排便）、④運動（1日2km歩行。歩行を中心に日中の活動量を増やす）です[5]。介護現場では、竹内が提唱する自立支援介護は反響を呼んでおり、自立支援介護の成功事例も数多く報告されています[6][7]。しかし、竹内が提唱する「4つの基本ケア」やリハビリテーションを受けて要支援・要介護状態が維持・改善される者もいれば、現状維持も難しく、状態が悪化する者もいることは推測できます。また、一過性の要支援・要介護状態の改善かもしれません。

竹内が提唱する自立支援介護のアプローチ手法である「4つの基本ケア」を実施すれば、すべての高齢者が介護保険制度から卒業できるわけではありません。加齢による老化には個人差が大きいことは言うまでもありません。そのため、老人福祉法では「老人」の定義を定めておりません。

（3）身体的自立に矮小化された「自立」

2018年度より通所介護事業に「ADL維持等加算」が創設されました。「ADL維持等加算」とは、通所介護や地域密着型通所介護の利用者の心身機能の重度化を防止し、機能を維持できているかを評価することで算定できる加算です。その評価方法に「バーセル・インデックス（Barthel Index）」を用います。バーセル・インデックスとは、ADLを評価する指標で、食事、車いすからベッドへの移動、整容、トイレ動作、入浴、歩行、階段昇降、着替え、排便コントロール、排尿コントロールの計10項目を点数化し、評価する仕組みです。つまり、ＡＤＬを評価し、身体的自立に着目していることになります。そして、内閣府「経済財政運営と改革の基本方針２０１９」（２０１９年６月）によると、「ＡＤＬの改善などアウトカムにもとづく支払いの導入等を引き続き進めていく」（Ｐ59）と示しています。つまり、国はより一層「身体的自立」を評価するという考え方です。

さらに厚生労働省は、２０２１年度の介護報酬改定では「科学的介護情報システム（ＬＩＦＥ）」を導入し、利用者のデータ提供と介護関連のデータベースからのフィードバックをケアの質の向上に活かすことを要件とした「科学的介護推進体制加算」を新設しました。厚生労働省は新たな加算を示し、「科学的介護の推進」という名目で間違った「自立」へ促そうとしています。

今日の介護保険制度の自立支援は元気な高齢者を増やし、介護保険制度からの「卒業」（介護保険サービス利用の終了）を目指しています。自立支援を推進することに異論はありませんが、高齢者の身体機能が経年とともに低下していく可能性がある中で、身体的自立のみを評価することは、要支援・要介護状態の維持・改善ができなかった者が「努力不足」という「自己責任論」が広がる可能性があります。また、重度の要介護高齢者や改善の見込みが期待できない高齢者は排除される可能性があります。これでは介護保険制度創設当初の自立支援とは大きく違っています。

そして、ケアマネジメント研究の第一人者である白澤政和は、介護保険制度の「自立」には「身辺的自立（ＡＤＬやＩＡＤＬを高める）」「能力的自立（潜在的な力を高める）」「精神的自立（自己決定をする）」の３つがあり、「身辺的自立」のみがクローズアップされていると指摘しています。また、「精神的自立」が確立していれば、身体的な機能がどんなに低下しても主体的に生きられると述べています。そして今、あたかもＡＤＬ（やＩＡＤＬ）の向上だけが自立であるかのように言われますが、それは自立の一部分にすぎず、自立概念の矮小化と指摘しています。介護保険制度のケアマネジメントが政策的に「身辺的自立」だけが強調されているように思うと批判しています[8)]。

4 「自立支援介護」による介護給付費の抑制

２０００年4月に介護保険制度が施行し、年々介護給付費は増大しています。「第8期介護保険事業計画」で「ケアプランの有料化」「要介護1・2の生活援助の見直し」などが見送られたように、介護給付費を抑制しようと思っても容易なことではありません。

現在、厚生労働省が推し進める「自立支援介護」は、単なる「介護予防」や「要介護状態等の軽減や改善」ではなく、「介護が要らない状態への回復」、いわゆる介護保険制度からの「卒業」（介護保険制サービス利用の終了）を目指すことが「自立支援介護」としています。

眞鍋馨（厚生労働省・老健局・老人保健課長〔当時〕）は、介護保険制度改正に向けて、以下のような発言をしています[9)]。

「介護保険制度の最大の課題は持続可能性。そのためにできることは全てやっていく」

「私自身は、要介護1や2ぐらいの人は、介護サービスを〝卒業〟させることに目標を置いてもいいのではないかと思っています。ＡＤＬの向上によって介護サービスの利用者をどんどん〝卒業〟させ、その分、新しい人を受け入れるスタイルで運営する介護事業者が出てきてほしい。そもそも介護保険制度は、その人が有する能力に応じて自立した生活を営めるようにすることが理念なのですから」

やはり厚生労働省が推し進める「自立支援介護」は、介護保険制度の「持続可能性」のための介護給付費の抑制に繋げる狙いがあります。結局、厚生労働省が「自立支援介護」を推進する背景には財源問題があります。

しかし、上記のように重度の要介護者を減らすことで、介護給付費の抑制に繋げる「自立支援介護」について、全国の特別養護老人ホームなどが加盟している全国老人福祉施設協議会は、以下のような問題点をあげています[10]。

①要介護度改善の見込みが難しい高齢者の受入れに関する阻害要因となり、在宅において一層介護が必要となるリスクを生むこと

②利用者に望まぬ栄養摂取やリハビリテーション等を課すことになること

③在宅復帰などを望まないあるいは適応が困難な利用者にもそうあるべきという強迫観念を与えること

5　変貌する介護保険制度

（1）介護保険は「国家的詐欺」となりつつある

介護保険制度は、「1　高齢者介護の基本理念の検討過程」で述べた通り、介護保険構想の段階で、「公的介護保障制度」ではなく、「公的介護保険制度」にした理由として、「保険料を負担する見返

りとして、受給は権利であるという意識を持たせることができる」とし、また「負担とサービスの対応関係が比較的わかりやすい」と述べられています。しかし、今日の介護保険制度改正の動向について、介護保険制度創設に関わった2名の元厚生官僚が近年の介護保険制度の自立支援の考え方について批判しています。

まず、介護保険制度の創設業務を担当していた増田雅暢（1994年厚生省高齢者介護対策本部事務局補佐）は、自立とは「介護が必要な状態になっても、介護サービスを利用しながら自分のもてる力（残存能力）を活用して自分の意思で主体的に生活をすることができること」と述べています。また、「自分の意思で主体的に生活できること」が自立であると述べています。そして、自立の概念を細かくみれば、身体的自立とともに、精神的自立を含むものであり、決して介護サービスを利用しないですむことを自立として、介護保険制度の目的に掲げているわけではないと指摘しています[11]。

つぎに「介護保険の生みの親」と言われている堤修三（1998年厚生省大臣官房審議官〔介護保険実施推進本部事務局長〕、2001年厚生労働省老健局長）は、「介護保険は『国家的詐欺』となりつつあるように思えてならない」と言い、「保険料を納めた人には平等に給付を行うのが保険制度の大前提だ。2015年改正や財務省の給付抑制路線の提案では、この前提が徐々に崩れつつあると危惧している」と述べています[12]。

以上のように、介護保険制度創設に関わった元厚生官僚から見ても、近年の介護保険制度改正の内容については目に余るものになっていると思います。

（2）介護保険制度からの「強制退学」

そもそも介護保険制度からの「卒業」（介護保険サービス利用の終了）は竹内による自立支援介護が始まりではありません。介護保険制度からの「卒業」は埼玉県和光市に始まり、大分県などに広がり、厚生労働省によってモデル事業（介護予防活動普及展開事業）化されました。そして、2017年5月に成立した「地域包括ケアシステムの強化のための介護保険法等の一部を改正する法律」（地域包括ケアシステム強化法）では、「保険者機能の抜本的強化」を打ち出しました。これは全市町村が保険者機能を発揮し、「自立支援・重度化防止」に向けて取り組む仕組みの制度化です。その中心は「自立支援型地域ケア会議（自立支援型ケアマネジメント）」です。これは、ケアプラン作成を介護支援専門員任せにせず、自治体がリハビリ職など多職種の参加を得た会議で検討し修正させる仕組みです。そして、「自立支援・重度化防止に向けた取組」に応じて「財政的インセンティブ」（報奨金）が付与されることになりました。これにより市町村は「自立支援・重度化防止」を目指し、地域ケア会議を開催し、要介護度の改善などに駆り立てられ、高齢者を介護保険制度から「卒業」させることになりました。

「自立支援・重度化防止」先進自治体である埼玉県和光市、大分県、三重県桑名市、大阪府大東市[13]では介護保険制度からの「卒業」と言うか、「強制退学」（強制終了）の実態があり、放置できる状況ではありません。このような高齢者を無視した間違った「自立支援介護」（介護保険サービス利用の終了）を改めさせる必要があります。

参照文献

1）「読売新聞」朝刊、１９９７年９月15日付
2）株式会社ポラリスは通所介護（デイサービス）を中心に介護保険事業を展開し、身体機能の改善を目指す自立支援介護に取り組んでいます。「日本経済新聞」朝刊、２０２０年２月26日付
3）介護支援専門員実務研修テキスト作成委員会（２０１６）『六訂　介護支援専門員実務研修テキスト　上巻』長寿社会開発センター
4）厚生労働省（２０１７）「介護予防ケアマネジメント実務者研修」
5）竹内孝仁（２０１７）『新版　介護基礎学』医歯薬出版
6）竹内孝仁（２０１９）『ボケの８割は「水・便・メシ・運動」で治る』廣済堂出版
7）森剛士（２０１７）「５０００人規模の改善効果を実証し『自立支援介護』の普及に努める」『月刊シニアビジネスマーケット』２０１７年10月号、PP35－37、総合ユニコム株式会社
8）白澤政和（２０１９）「介護保険での自立は『身辺』『能力』『精神』の３つである」『医療と介護Ｎｅｓｔ』第５巻３号（通巻29号）、PP６－９
9）「日経メディカル」（２０１９年８月31日）httPs://medical・nikkeibP・co・jP/leaf/all/series/xhealth/201908/562086・html（２０２０年１月27日閲覧）
10）全国老人福祉施設協議会（２０１６）「いわゆる『自立支援介護』について（意見）」２０１６年12月５日
11）増田雅暢（２０１７）「『自立支援介護』の懸念」『週刊社会保障』Ｎｏ・２９４１、PP28－29、法研
12）「シルバー産業新聞」２０１５年11月10日付
13）大東社会保障推進協議会・大阪社会保障推進協議会（２０１８）『介護保険「卒業」がもたらす悲劇』日本機関紙出版センター

第2章　自立支援・『卒業モデル』はどう広がったか
～発祥・全国展開をたどる

日下部　雅喜

第1節　「和光市方式」―国をあげての絶賛、仕掛けたカリスマ公務員の犯罪

はじめに～カリスマ公務員がつくりあげたシステム

介護保険の「自立支援・重度化防止のための保険者機能強化」。このルーツは、埼玉県和光市にあります。埼玉県南部にあり、東京都練馬区、板橋区と隣接する人口約8万人のベッドタウンですが、ここ和光市の介護保険は、支援が必要になった高齢者を再び元気にし、介護保険から続々と「卒業」させ、低い要介護認定率を保ち、65歳以上の介護保険料も低く抑えられていると評価されていました。

この仕組みを考えだし、作り上げてきたのは東内京一（とうないきょういち）という人物です。和光市に入職後建設所管での入札管理、市民税の課税などの仕事を経て、2000年に介護保険室（当時）に配属され、その後、「介護予防」の仕組みを生み出し、実践し、さまざまな人脈を作り上げ、厚生労働省にも2年半にわたって出向し、戻ってからは保健福祉部長に登り詰めました。

2017年の介護保険法改定で法制化された「自立支援・重度化防止のための保険者機能強化」

は、和光市の行ってきた取り組み手法を全国の市町村に広げていくためのものでした。

ここでは、和光市の「自立支援システム」（和光市方式）の概要と国による制度化、そして現状についてまとめてみました。

1　注目を集めた地域モデル「和光市方式」

和光市方式が国から評価され、法制化までいたったのはその「実績」にあります。和光市は要介護認定率が9・3％と全国平均18・0％を大きく下回っていました（数値は2015年）。その理由は、1年間で要支援1、2の人の約40％が介護保険を「卒業」するからだと説明されています。そして、和光市の介護保険料（基準月額）は2018〜2020年度の第7期では4598円で、全国平均5869円を大きく下回る結果となっていました。

市独自の自立支援・介護予防によって、高い「卒業」率を実現し、要介護・要支援の高齢者数を減らし、介護保険給付を抑え、低い介護保険料を実現するという「実績」は、注目を集め、天皇の視察（2012年9月）、首相の視察（2015年11月）なども相次ぎ、要支援者の4割が卒業するモデルとしてもてはやされました。

しかし和光市方式は、全国平均より10ポイントも低い高齢化率（2020年10月17・8％）と豊富な税収に支えられた高い財政力（財政力指数1・06で普通地方交付税不交付団体。経常収支比率89・4という自由度の高い財政構造。2019年度決算）という有利な条件がありました。「卒業」を可能としたのは、他の市町村と比べて豊かな内容の一般高齢者施策が整備され、「卒業」後の「進

和光市のコミュニティケア会議　保険者の中央に座り司会をしているのが東内京一

厚生労働省「地域ケア会議運営にかかる実務者研修」教材用DVDより

路」メニューも数多く用意していたからですが、国はこうした事情を無視し「自立支援」の仕組みだけを全国展開しようとしました。

2　和光市方式の概要

(1) コミュニティケア会議（自立支援型地域ケア会議）による個別のケアマネジメントの管理・支配

和光市では、介護保険制度スタート後間もない2001年から「コミュニティケア会議」という市主催の会議を開始。2006年度の介護保険制度改正以降は、要支援1、2の全ケアプランをコミュニテイケア会議で検討してきました。

行政が個別のケアプランに積極的にかかわり、ケアマネジャー任せにせず、自立支援・生活機能向上に向けた目標・課題を各専門職の参加を得て検討していく仕組みの始まりでした。

和光市のケア会議は、のちに保健福祉部長となる東内京一が自ら司会者となり、行政職員、地域包括支援セン

表2-1　和光市コミュニティケア会議（地域ケア会議）包括的・継続的支援事業タイプ

項目	所要時間	ポイント
(1)プラン作成者より概要説明	約4分	●現在の状態に至った個人因子・環境因子を簡潔に説明（生活機能低下の背景を洞察することが重要） ●【更新プランの場合】前回の支援計画に対しての評価：⇒目標に対して達成か未達成か？ ⇒未達成の場合はその原因は？ ●生活機能評価の解説⇒改善可能なポイントは？ ●上記を踏まえて次期プランの説明 （注）参加者は、自らの専門分野を中心に内容をチェックする。例えば、保健師・看護師は、医療リスクの高い人の生活上の注意点や、服薬内容に対してサービス内容が妥当かどうかという視点。社会福祉士は、独居や認知症ケース等に対する権利擁護的な観点。
(2)事業者から評価、今後の支援方針	約4分	●居宅介護支援事業者、介護予防通所介護、グループホーム、ケアハウス、食の自立支援事業者、ゴミの戸別収集事業者、住宅改修事業者、福祉用具事業者など、利用しているサービス提供事業者が各立場から発言
(3)全参加者から質問、意見	約10分	●参加者は、挙手したうえで発言する。 ●司会は、ケースの本質（課題の本質）やプラン作成・サービス提供上の注意点などについて、端的に言語化してまとめ、共通認識にぶれが生じないようにする。
(4)まとめ	約2分	●司会は、会議の最後に次回（通常3か月後または6か月後）までのケア（プラン修正含む）の方針を確認する。 ●介護支援専門員や事業者等が当面行う必要がある課題（例えば、医師の意見の確認、専門医の受診、追加訪問調査、家族からの事情聴取、など）がある場合には、その漏れがないよう、最後に念押しする。 51

出所：「和光市における超高齢社会に対応した地域包括ケアシステムの実践と地域ケア会議のあり方」2017/2/15　和光市保健福祉部長 東内京一（当時）

ター職員、助言者（理学療法士、管理栄養士、歯科衛生士、薬剤師などの専門職）など総勢30名に及び1件約20分で各ケアマネジャーの担当プランを検討し、「自立支援型」へと修正させていくのです（表2－1）。

その後、市が直接実施する「中央ケア会議」、5カ所の地域包括支援センターが実施する「包括ケア会議」に再編されますが、毎年数百件のケアプランを検討し続けるこの会議を通じて、地域包括支援センター職員やケアマネジャーは、東内京一の意図する「介護予防」「自立支援」にそったケアマネジメントを強制されていきました。

東内京一は、介護保険制度スタート時に「介護保険室」（当時）に人事異動で配属された時から、要介護認定の主治医意見書

図2-1　介護保険事業計画とケアマネジメントの関係
（コミュニティケア会議が政策機能の核）

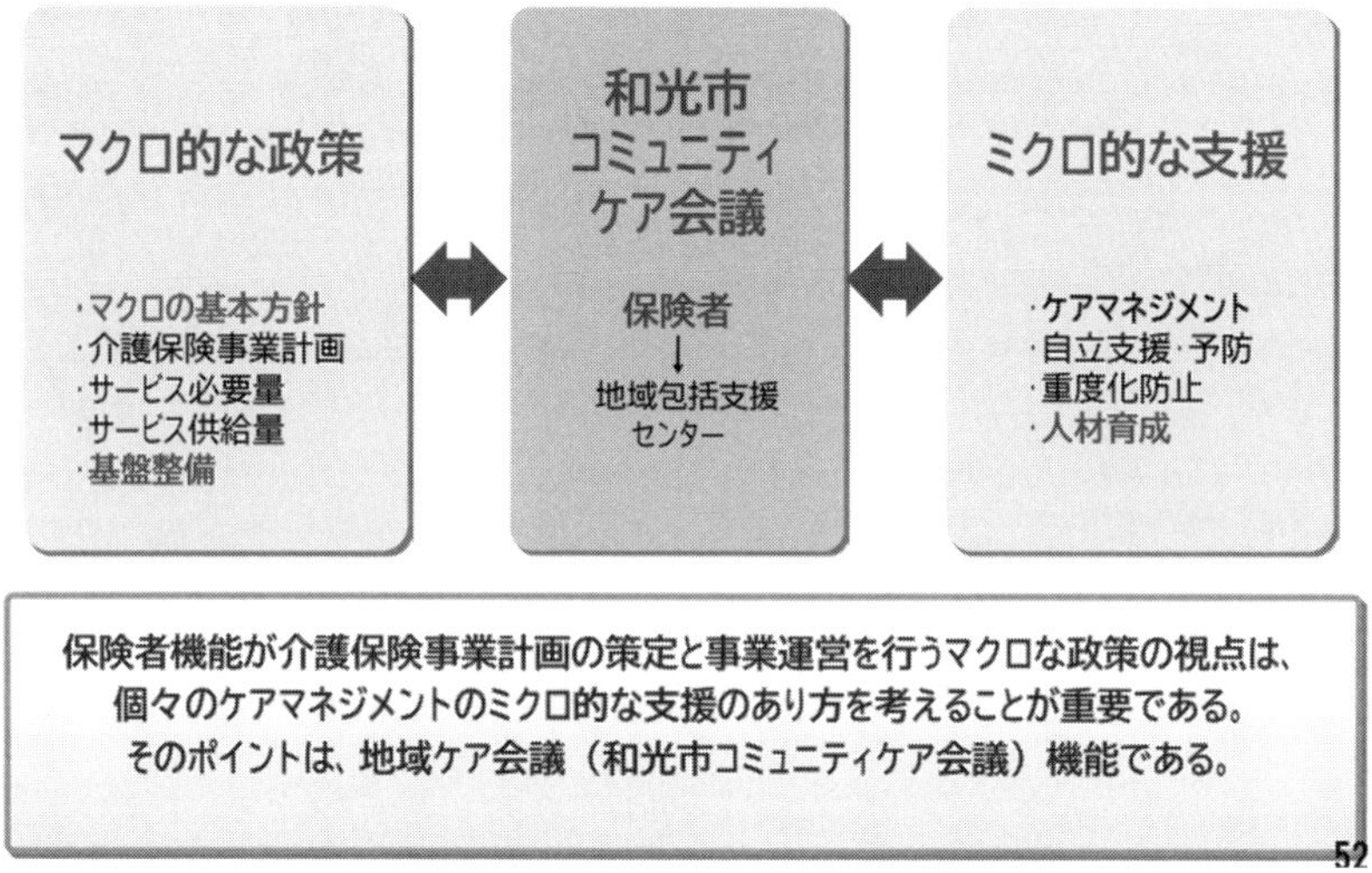
マクロ的な政策
・マクロの基本方針
・介護保険事業計画
・サービス必要量
・サービス供給量
・基盤整備
和光市
コミュニティ
ケア会議
保険者
↓
地域包括支援
センター
ミクロ的な支援
・ケアマネジメント
・自立支援・予防
・重度化防止
・人材育成
保険者機能が介護保険事業計画の策定と事業運営を行うマクロな政策の視点は、
個々のケアマネジメントのミクロ的な支援のあり方を考えることが重要である。
そのポイントは、地域ケア会議（和光市コミュニティケア会議）機能である。
52

出所：「和光市における超高齢社会に対応した地域包括ケアシステムの実践と地域ケア会議のあり方」
2017/2/15　和光市保健福祉部長 東内京一（当時）

の疾病名を要介護度別に自分でエクセル入力して分析し、「整形疾患は、リハビリでよくなると分かった。軽度者にもう一度元気になってもらうには生活機能の向上が大切だ、と役所の中で発信した」といいます。こうして考え出された「生活機能評価表」に基づいた「予後予測」、「自立に向けた目標」設定という自立支援型ケアマネジメントの手法を確立したといいます。

この「自立支援型ケアマネジメント」に則して、要支援者の新規ケアプランはすべてケア会議で検討、要介護者のケアプランも市職員が内容を確認し、必要に応じてケアマネジャーに「再検討」を求め、場合によってはケア会議へのケアプラン提出、多職種での検討という具合です。

和光市においては行政は、介護保険事業計画策定、保険料徴収、要介護認定、給付事務といった「マクロな支援・基盤整備」にとどまらない、個別支援・ケアプランの一つ一つを管理する「ミクロな支援」へと「保険者機能」を発達させ続けてきたのです（図２-１）。

（２）日常生活圏域ニーズ調査と市独自サービスの整備

和光市は、介護保険制度スタートの翌年の２００１年から「日常生活圏域ニーズ調査」（当初はスクリーニング調査と呼んでいた）を取り組んできました。３年間で全高齢者を網羅した郵送方式の調査票回収と未回収者への訪問調査を繰り返し、得られたデータを個人台帳に登録し、市役所と地域包括支援センターで共有するシステムを構築。日常生活圏域（市内３エリア）ごとに「虚弱」「軽度認知症」「閉じこもり」などの高リスク高齢者の人数を把握しているといいます。さらに、こうしたデータに世帯情報や要介護認定情報を組み合わせて、各地区ごとの課題分析をしてきたといいます。地域密着型サービスである認知症対応型グループホームなどの誘致にまで活用できる地区ごとのニーズ把握とそれに基づくサービス需給計画は、和光市の「保険者機能」の積極面といえます。

東内京一は、２００９年４月～２０１１年９月まで厚生労働省へ「出向」しました。厚生労働省老健局総務課課長補佐として行った主要な仕事のなかに、この「日常生活圏域ニーズ調査」があります。厚生労働省は第５期介護保険事業計画（２０１２～２０１４年度）策定に向けて、日常生活圏域ニーズ調査を保険者の「努力義務」とし、日常生活圏域の全数調査を基本に、そのデータを地域診断と個別介入に活用しようとしました。しかし、全国的には、形の上では日常生活圏域ニーズ調査は実施されたものの、大半は抽出調査にとどまり、和光市が行ったような地域をデータに基づいて把

表2-2　和光市の一般介護予防事業実績

①一般介護予防事業

	通所型介護予防事業	開催場所	実施回数	延参加者数
事業名	3B体操	本町小学校	60	631
	うぇるかむ事業	本町小学校	32	585
		南公民館	33	811
		わこうの丘	24	290
		和光ホーム	24	414
		サポートセンター広沢	36	385
		桜の里	24	404
		リーシェ	48	807
		ひかりのさと	24	111
		日生オアシス	35	336
		翔裕館ひまわり	72	649
	いつまでも元気塾	本町小学校	47	383
		白子コミュニティセンター	47	622
	サーキットトレーニング	南地域センター	70	697
	あくてぃびてぃあっぷ1次	新倉高齢者福祉センター	15	266
	エンジョイクッキング（男の料理教室）	中央公民館	1	10
	まちかど健康相談室	西大和団地内	242	4,122
	まちかど健康相談室（講座）	西大和団地内	298	2,098
	足裏測定会	保健センター	1	145

介護予防サポーター実績

平成30年度登録者	118人
平成30年度交換ボランティアポイント数	2,108ポイント

出所：和光市事務事業評価　平成30年度から抜粋

握するような調査と活用ができている保険者はごく少数にとどまっています。

和光市は、一般施策と地域支援事業を積極的に活用し、他ではあまりみられないような独自の施策・介護予防メニューも数多く整備してきたことも特徴です。介護サービスを「卒業」してもその「進路」を行政が用意して、卒業を促進してきたといえます（表2-2、2-3）。

表2-3

和光市の市町村特別給付と一般高齢者施策の一部

■ 市町村特別給付（法定給付同様に指定基準による事業者指定）
(1) 食の自立栄養改善サービス（栄養マネジメント付き配食等）
(2) 地域送迎サービス（有償運送特区活用　ベッドからベッド）
(3) 紙おむつ等サービス（パッド、フラット型、周辺商品）
■ 一般高齢者施策
(1) 介護保険利用料助成（低所得者に介護保険サービスの保険給付利用者負担の一部を助成）
助成率　①所得段階1（老齢福祉年金受給者）:100%、②所得段階1（年金収入80万円以下）:55%、③所得段階2:40%、④所得段階3:35%、⑤所得段階4:15%
(2) 家賃助成事業（グループホーム、計画に位置づけたサービス付き高齢者向け住宅等の入居者の家賃を助成）
　助成率　①所得段階1:の老齢福祉年金受給者:50%、②所得段階1の年金収入80万円以下:40%、③所得段階2:35%、④所得段階3:30%月35,000円上限
(3) 住み替え家賃差額助成等（管理人が安全確認等を行う高齢者支援住宅を提供し家賃を一部助成）
助成率　①老齢福祉年金受給者:家賃相当額、②被保護者:家賃と住宅扶助費の差額、③市町村民税非課税者:家賃の70%、④準用対象者　所得段階4:家賃の50%、所得段階5:家賃の40%、ケア会議で支援住宅の入居が妥当と認められた者：ケア会議が認めた割合　※ケア会議が入居妥当と認めた者は共益費・管理費を別途3万円上限に助成
(4) 住宅改修支援事業（法定住宅改修に40万円の上乗せ横だし）
（和光市長寿あんしんプラン　令和3年3月から作成）

安倍晋三首相（当時）と東内京一

政府インターネットテレビ「埼玉県下訪問-平成27年11月8日」

（3）東内京一の「リーダーシップ」

「和光市方式」を可能としたのは、和光市の低い高齢化率、人口増加地域、堅調な財政状況などの「有利」な条件もありますが、何といっても東内京一の「企画力」と強力な「リーダーシップ」によるところが大きいと言えます。何よりも介護保険制度スタート時の２０００年に介護保険室に配属されて以来、2年半の厚生労働省出向期間を含めて19年間も同じ介護保険を担当し続け、一担当職員から保健福祉部長というトップまで登り詰めた地方公務員としては異例の経歴がこれを物語っています。

3　「和光市方式」の法制化―自立支援のための保険者機能強化

「和光市方式」は、東内京一が厚生労働省から戻った２０１１年以降、ますますもてはやされるようになります。要支援認定者の4割が介護保険を卒業していく、こうした地域モデルは、要介護高齢者増加と介護給付費の増大に頭を悩ます政府・厚生労働省にとっては、絶好の「地域モデル」となっていきました。

要支援者の訪問介護・通所介護を保険給付から除外し、地

図2-2　和光市を「自立支援・介護予防の先進的取組」とし全国展開を訴えた厚生労働省

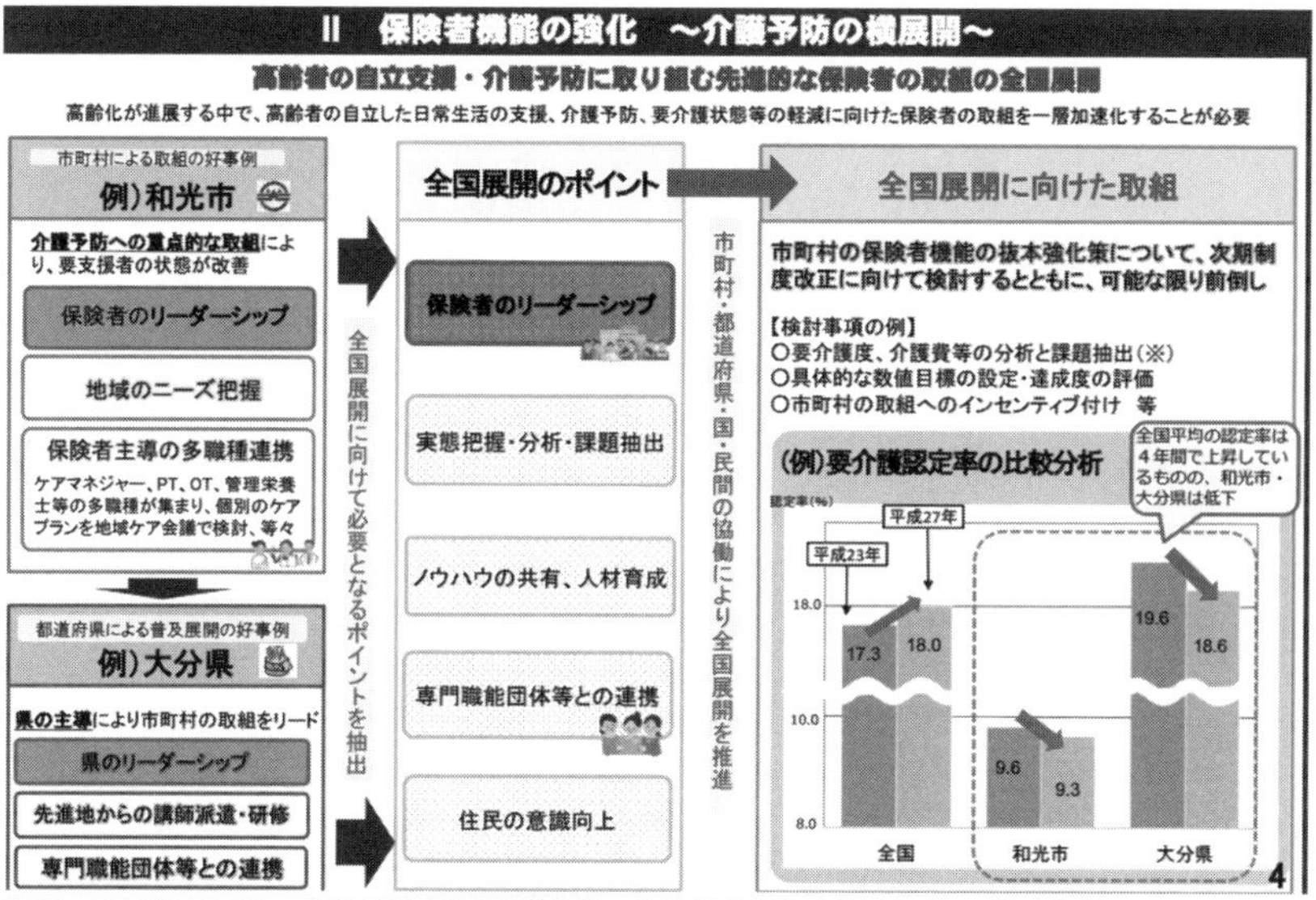

出所：2016年4月4日　第5回経済財政諮問会議　塩崎厚生労働大臣（当時）の提出資料

域支援事業（介護予防・日常生活支援総合事業）へ移行させることを決め、地域ケア会議を法制化した2014年介護保険法改定（医療・介護総合確保推進法）の国会審議の際にも当時の安倍政権は和光市方式を高く評価しました。

「改善すれば、要支援者が自立ということもある。事実、和光市で私、そういう事例を見させていただいた」（田村憲久厚生労働相＝当時、2014年2月26日、衆院予算委員会の分科会）。「リハビリによって支援が必要でなくなる人たちも出てきている。また、要支援だった人がサポートする側に回っているという事例も和光市で拝見をさせていただいた。これを横展開すると財政上、節減の効果も出てくる」（安倍晋三首相＝当時）といった発言です。東内京一は2015年11月の当時の安倍首相の和光市訪問にぴったり付いて和光市の取り組みについて説明している姿が政府広報番組でも紹介されています。

図2－2は2016年の経済財政諮問会議で塩崎厚生労働大臣（当時）が提出した資料ですが、「介護予防の重点的な取組により要支援者の状態が改善」したとして和光市を「保険者のリーダーシップ」の先進例として紹介。その方式を取り入れ「県の主導により市町村の取組をリード」した大分県を取り上げ、全国展開するために「次期制度改正に向けて検討」としています。東内京一は「大分県には3年間毎月通って県の職員に和光市のやり方を伝授した」と自身の講演で語っていました。

2017年5月に成立した介護保険法改正（地域包括ケアシステム強化法）では、「保険者機能の抜本強化」を打ち出しました。「自立支援・重度化防止」に向けて全市町村が取り組むよう機能強化をするというものです。その中心は「自立支援型地域ケア会議」でした。これは、ケアプランをケアマネジャーまかせにせず、自治体がリハビリ職など多職種の参加を得た会議で検討し修正させる仕組みです。埼玉県和光市で始まり、「介護保険から卒業モデル」としてもてはやされ、大分県などに広がり、厚生労働省によってモデル事業（介護予防活動普及展開事業）化されました。改正法ではこれを「全市町村」が取り組むよう制度化し、取り組みの度合いを国が「評価」し交付金を与えるという仕組みを設けました。市町村はこれにより、「自立支援・重度化防止」をめざし、地域ケア会議の開催、要介護度の改善などに駆り立てられることになりました。

4　カリスマ公務員の実像は「犯罪者」・「パワハラ独裁者」

（1）元保健福祉部長・東内京一の犯罪

表2-3　東内京一の詐欺・窃盗・業務上横領の刑事事件

容疑	犯行時期	金額	犯行手段、使途等
詐欺	2015年 1月20日	200万円	部下に嘘を言って生活保護受給者の現金200万円を詐取し自分のクレジットカードの支払いに充てた
詐欺	2015年 5月14日 11月11日	548万10円	部下に嘘を言って生活保護受給者の現金500万円を詐取。さらに預金48万10円を詐取し合計548万10円を騙し取り自己の用途に費消
業務上横領	2016年 3月31日	300万円	市が認知症のため財産管理能力のない高齢者夫婦から預かった300万円を部下に指示して受け取り280万円を自己の口座に振り込み、20万円を費消
窃盗	2018年 6月14日～ 2019年 4月2日	1,350万円	市が高齢者から預かったキャッシュカードを担当者から預かり自己保管。ATMから27回にわたり現金を引き出し合計1350万円を窃取し、借金返済、生活費に充てた
窃盗	2016年 4月8日～ 2018年 6月12日	5,150万円	市民が福祉事務所に預けていたキャッシュカードを使用し104回にわたりATMから現金を引き出し合計5150万円を窃取
窃盗	2012年 12月14日～ 2018年 12月5日	480万円	市が高齢者から預かっていたキャッシュカードで市役所内のATMから21回にわたり現金を引き出し合計480万円を窃取
被害総額		8,028万10円	

出所：和光市議会「元和光市職員の不祥事に関する調査特別委員会中間報告」から作成

２０１７年法制化、２０１８年改定法施行と「順調」に全国化していきつつあった際中の２０１９年６月に「激震」が走りました。東内京一が、業務上横領で逮捕され、その後窃盗罪、詐欺罪など５回にわたって逮捕・起訴されたのです。主な被害者は同市内の高齢者で被害額は８千万円以上に上ると言われています（表２-３）。２０１９年８

表2-4　東内京一が関与した不正経理等　　和光市が2020年に東内京一に損害賠償請求訴訟

時期	事業名、金額	不正・不当の内容
2010年3月25日	平成21年度地域介護・福祉空間整備等施設整備交付金 4500万円	国の交付要件を満たしていない事業を、不正な指示を行い交付を受けた。2014年に会計検査院から指摘され和光市は国交付金全額に1111万500円の加算金を付けて計5611万500円を返還した
2014年12月26日	定期巡回サービス情報共有システム導入事業 1566万6千円	実際に行われていない事業を虚偽の説明で補正予算に計上し、契約事業者に委託料1566万6千円を支出した（使途は不明）

出所：和光市議会「元和光市職員の不祥事に関する調査特別委員会中間報告」から作成

月14日付けで東内京一は「懲戒免職」となって和光市を追われましたが、さらに、保健福祉部の職員20名以上に対するパワーハラスメント（**表２－５**）が明らかになり、厚生労働省出向時に主導したとされる国交付金４５００万円の不正受給事件、定期巡回サービス情報システム不当支出１５００万円など10年以上にわたる「悪行」が表面化しました（**表２－４**）。

公判では、検察から、東内被告が地位を悪用して6年以上、計１５２回にわたって不正に現金を引き出した上、部下に責任を転嫁しようとしたと指摘。「常習性は顕著で、社会福祉行政全体への信用を失墜させた。結果は極めて重大」と懲役10年を求刑される悪質な犯罪でした。

（2）和光市議会「市組織全体の問題」と指摘、市長辞任に発展

和光市当局は、２０１９年7月に「和光市職員による不祥事の再発防止に関する第三者委員会」を設置しましたが、東内京一の刑事事件の公判が長引いていることや新型コロナウイルス感染症まん延等をため進展がありません。そこで、和光市議会は２０２０年9月に「元和光市職員の不祥事に関する調査特

表2-5　東内京一のパワーハラスメント

時期等	被害者	概要
少なくとも2014年以降	市職員20人が被害申出（複数の退職者、病気休職者発生）、委託業者も被害受けたとの陳述有り	保健福祉部所属職員に対し行った言動（怒鳴る、罵声を浴びせる、人前で激しく叱責、書類を激しく机にたたきつける等）をパワハラ認定

出所：和光市議会「元和光市職員の不祥事に関する調査特別委員会中間報告」から作成

別委員会」を設置し、市に関係情報を提供させ市長らに説明をさせてきました。２０２１年4月16日に「中間報告」が公表されましたが、東内京一の行った犯罪の悪辣さとともに、それを許した市長はじめ市組織にも重大な問題点があることが明らかにされました。中間報告書は、「元市職員による継続的なパワーハラスメントが、職員の正常な判断能力を失わせていたことがうかがわれ、これが一連の不祥事の背景となるのである」と指摘し、「元市職員による数々の不祥事を招いた市長以下の市組織全体のあり方が問われるべき」と述べています。

また、松本洋一和光市長（当時）は２０２１年4月12日に東内京一の犯罪について「職員の行動を掌握しきれなかった任命責任を痛感しており市民と関係者にお詫びしたい」と5月８日付けで市長辞任を表明（埼玉新聞２０２１年4月13日）し、5月23日に行われた市長選挙には出馬しませんでした。

（3）「パワーハラスメントが職員の正常な判断能力を失わせた」

中間報告書から浮かび上がってくるのは、東内京一の窃盗、詐欺、横領が①２０１２年12月〜２０１９年4月まで6年以上も繰り返し行われたこと、②その対象は認知症の方を含む高齢者や生活保護利用者であったことの重大性です。この同じ時期に東内京一は「高齢者を元気にしＱＯＬ（生活の質）を向上する」と高齢者の尊厳を守ることを力説し「和光市方式」を全国に説いて回っていたからです。判断能力の低下した高齢者を騙して金品を窃取する行為をしたその手で「自立支援」施策を手がけるとは何という感覚でしょうか。

さらに、指示したり騙したりして部下を巻き込んだ犯行もあること、多くの部下にパワーハラスメントを日常的に行い、「正常な判断能力を失わせた」と言われるほどの「恐怖支配」を行っていたこと、市長、副市長も東内京一の言動を抑えきれずやりたい放題にさせていたことがことの根深さを語っています。

東内京一は、不祥事が表面化する1年前の2018年3月31日付けで、和光市からパワハラについて「警告書の交付・宣誓書の徴収」と「文書訓告」を受け、同年4月1日に保健福祉部長から教育部長に異動になりました。そして、2019年6月の逮捕、同年8月の懲戒免職で和光市から放逐され刑事被告人としての日々を過ごしています。

東内京一による犯罪の数々と専制的な職場支配が明らかになりつつあります。しかし、東内京一が主導して作り上げた「和光市方式」についてに制度的・政策的な問題点については未だに解明されていません。

筆者は2020年3月に和光市役所で長寿あんしん課長と担当係長を取材しました。課長は東内京一の事件について「遺憾としか言いようがない」と言いましたが、不祥事について現場の職員はどう受け止めているかと聞くと「正直なところ言いづらい。第三者委員会で調査中であり、その前に個人的な考えを言うことはできない」との返事でした。東内京一前部長が作った自立支援の和光市方式

表2-6

元和光市幹部に懲役10年求刑　高齢者から現金詐取「常習性顕著」

毎日新聞 2021年6月4日

埼玉県和光市が高齢者から預かったキャッシュカードで現金を引き出すなどして計約8000万円を不正に得たとして、詐欺や窃盗、業務上横領の罪に問われた元和光市企画部審議監、東内京一被告（57）の公判が4日、さいたま地裁（中桐圭一裁判長）であり、検察側が懲役10年を求刑して結審した。判決は8月6日。

検察側は論告で、東内被告が地位を悪用して6年以上、計152回にわたって不正に現金を引き出した上、部下に責任を転嫁しようとしたと指摘。「常習性は顕著で、社会福祉行政全体への信用を失墜させた。結果は極めて重大」と述べた。

これに対して弁護側は、詐欺罪で起訴された約750万円分について、被告に受領権限があり業務上横領罪が成立すると主張。また引き出した現金の一部は着服せず、カード所有者に交付しているとして、寛大な判決を求めた。

東内被告は「被害者の方に大変なご迷惑をおかけした。一生、反省と償いを行っていく」と謝罪した。【平本絢子】

はどうなのかとの質問には「この不祥事をもって和光市の介護予防の取り組み全体を否定されるような見方は残念なことだ」との答えが返ってきました。さらに不祥事を受けて和光市方式の取り組みで見直したところはあるか、と問うと、課長は「2、3ある。例えば、ケア会議で個人情報は一切出ないようにするなどです」と答えそれ以上は言葉がありませんでした。

（4）東内京一後の和光市介護保険の動向

東内京一の作った「和光市方式」がいかなるものであったかの解明と総括はこれからですが、東内京一が去った後の和光市介護保険は「変化」の兆しを見せています。

まず第1は、和光市の要介護認定率

図2-3　第1号被保険者の要介護（要支援）認定率の推移

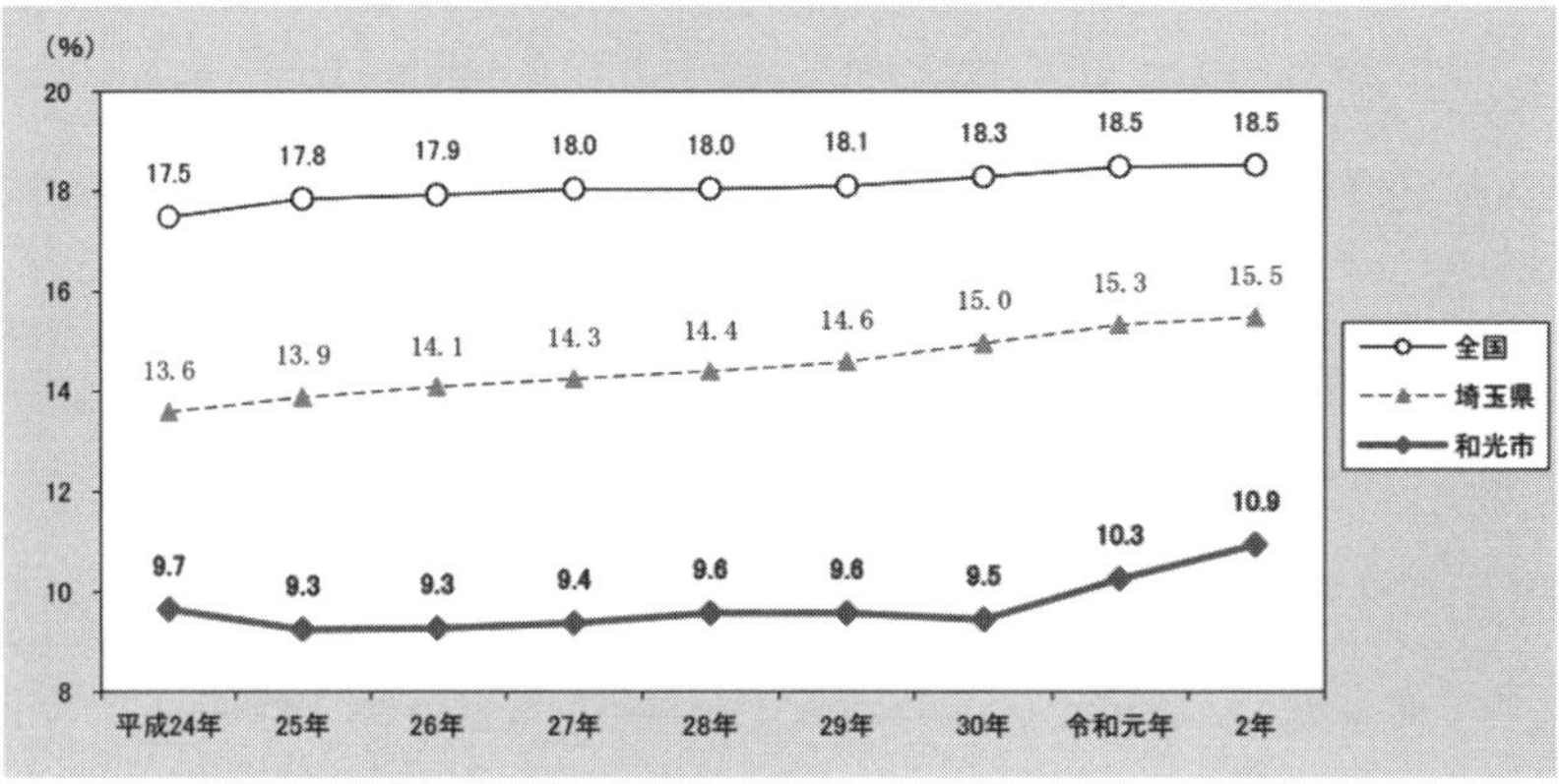

資料：厚生労働省「介護保険事業状況報告」から作成（各年9月末時点）

出所：和光市長寿あんしんプラン21頁

が、急上昇し始めていることです。また、全国（18・5％）、埼玉県（15・5％）に比べ低い認定率ですが、平成30（2018）年9月9・5％から令和2（2020）年9月10・9％へとわずか3年で＋1・4ポイント上昇し、全国（＋0・2ポイント）、埼玉県（＋0・5ポイント）を大きく上回る急上昇ぶりです（図2－3）。

第2に、要支援者の急増です。和光市の「自立＝卒業」モデルは要支援者の40％が毎年認定非該当（自立）になっていくことで要支援1、2の認定者が増えないことが特徴でしたが、同時期の認定者数の推移を見ると、要支援1が79・5％増、要支援2が68・9％と急増しています。要介護認定率の急上昇はこの要支援者の増によるところが大きいことはあきらかです。2018年4月に東内京一が保健福祉部長職から異動になって以降、「タガが外れた」かのような現象です。表2－7は、「和光市長寿あんしんプラン」（第8期介護保険事業計画）の図表のデータをもとに作成しましたが、和光市の計画書には「要介護1・2といった軽度者の増加が顕著です」（和光

表2-7　和光市の要介護認定者数の推移

（単位：人）

	要支援		要介護					合計
	1	2	1	2	3	4	5	
2018年	39	61	429	346	240	214	108	1437
2019年	57	68	467	389	274	219	122	1596
2020年	70	103	489	436	279	233	113	1723
2018〜20年増加率	79.5%	68.9%	14.0%	26.0%	16.3%	8.9%	4.6%	19.9%

出所：和光市長寿あんしんプラン21頁の図表の数値をもとに作成

表2-8　第8期（2021年度〜2023年度）介護保険料

（単位：円）

	第8期保険料基準額（月額）	第7期保険料基準額（月額）	増減率
和光市	5,455	4,598	18.6%
埼玉県加重平均	5,481	5,058	8.4%
全国加重平均	6,014	5,869	2.5%

出所：厚生労働省「第8期計画期間における介護保険第1号保険料について」から作成

市長寿あんしんプラン21頁）といった説明はありますが、要支援1、2の急増についてはまったく分析がありません。

第3に、低い要介護認定率とともに和光市方式の「セールスポイント」であった「低い介護保険料」が急上昇したことです。第8期（2021〜2023年度）の介護保険料基準月額は18・6％も上昇し、埼玉県内で上昇率としては2位です。金額も5455円と、全国平均よりは下ですが、埼玉県平均とほぼ同じ水準であり、もはやかつての「低い認定率が、低い介護保険料を可能にしている」という「和光市方式」はそのセールスポイントを失いました（表2－8）。

和光市の介護保険料上昇は、「和光市方式」の限界性を示すものだと言えます。

和光市は、第8期の第1号介護保険料の「上昇要因」について、①後期高齢者人口増加に伴う要介護認定者自然増、②高齢化進行による現要介護認定者の介護度悪化、③介護報酬の地域区分の改定（5級地→4級地）、④介護報酬改定（＋0・7%）、⑤地域包括支援センター運営費の費用負担の変更（一般会計繰入金▲1億円）と説明しています（令和2年度第3回和光市介護保険運営協議会資料No.4）。

一方「減少要因」としては、①介護予防等による要介護度の改善・維持及び一般高齢者の身体・生活機能の低下防止、②地域包括ケアシステムによる居宅介護サービス（地域密着サービス含む）の推進によるサービス費の適正化、③①②を踏まえた基金の充当—と説明しています。

和光市は介護給付費準備基金1億円を取崩して繰入れ保険料上昇抑制を図りましたが、基準月額で第7期4598円→第8期5455円と＋857円（＋18・6%）と大幅な上昇となりました。基準月額は、隣接の新座市（5346円）より高くなりました。和光市の説明どおりに言えば、介護予防と地域包括ケアシステム推進で生み出した基金を充当しても、これだけの介護保険料上昇となってしまったわけであり、少なくとも「和光市方式」は介護保険料抑制策としては効果が少ないことが明らかになったと言うことはできます。

また、上昇の最大要因である「地域

平成28年度大分県地域包括ケア特別講演会ポスター

出所：一般社団法人大分県鍼灸マッサージ師会ホームページ

包括支援センター運営費の費用負担の変更」は、これまで全額一般会計で負担していた地域包括支援センター運営経費を介護保険事業特別会計（地域支援事業費）の負担としたものです。介護保険料を月額380円程度低くする効果があり、東内京一被告が各地の講演で自慢していた施策でしたが、今回廃止になりました。和光市は市財政状況悪化によるものと説明していますが、東内京一が保健福祉部長として「健在」であれば廃止はさせなかったのではないでしょうか。

厚生労働省は2016年当時、和光市を「先進的取組」と評価し「要介護認定率が抑制され、給付費が抑えられ、介護保険料も抑制されている」と説明してきました。法律改正までして和光市方式の全国展開を呼びかけた厚生労働省は沈黙を続けていますが、早晩この「卒業」路線は見直しを迫られることになるでしょう。

〈コラム〉

困った隣人、和光市のこと

（NPO）暮らしネット・えん　小島美里

世の中に「和光市方式」なるものが知られるようになって以来、和光市のやり方に違和感を持ち続けてきた。その和光市は私が介護NPOの代表を務める所在地新座市の隣接自治体である。

「国の介護予防事業のモデル事業をどんどんとってきて、次々目覚ましい成果を上げている」、モデル事業のうちはいいのよ、補助金がたっぷりつくから。「介護予防で要介護認定率が全国平均より驚異的に低くなった」、でもその手法が解せない、無理して認定低く出るようにしているみたい。生活援助は介護保険でほぼ使わせないってホントらしい。介護予防に「バカラ」って、あり？

和光市は、埼玉県下トップクラスの税収を誇る豊かな自治体で、地下鉄延伸によって都心までのアクセスが良くなり、中間所得層の勤労世代の転入が今も続く。だから高齢化率はR2年度で17.8％、全国平均より10パーセント以上低い。全国トップの高齢化率に突入する埼玉県内でも特異な人口構造だ。なんでそんな特殊な市がモデルになるのか。それも解せない。

「自立支援・重度化防止」のモデル都市をけん引した「スーパー公務員」東内京一その人とも接触する機会はけっこうあった。確かに介護保険制度には精通している上に、数々の成功事例を織り交ぜた話は人を引き付ける。だが、どこかうさんくさい。胸もとからのぞく金のネックレスにグッチだかヴィトンだか高価そうなビジネスバッグ、スーツも高級ブランドだと一緒にいた人が教えてくれた。まるでホストじゃないの、と陰口叩いていた。（ヒトの趣味をあげつらう小島、下品です）。公務員なのに、ウイークデイの昼間開催された研修で謝礼を受け取っている現場に居合わせたこともある。

彼が厚労省に出向中に給付費分科会の傍聴に行ったとき、愛想よく挨拶された。もちろん精いっぱい微笑み返したけれど、イヤだなあ、和光市のやり方を全国に広げるために出向しているんだ、と腹の中では思っていた。

特養ホームが一つしかないことも自慢の種だった。施設の定員60名は20年変わらず、特養入所者はずっと90名台で押さえている。30数名は他市の施設に入所する。隣接自治体だから新座市内の特養ホームは措置時代から和光市と契約していた。

さすがに4割が要支援から「卒業」するのは異常だが、要支援の人がしばらくして認定から外れることはいくらもある。和光市が示した成功事例や「卒業証書」受領者は70代後半ぐらいまでが多い。要支援から外れたからと言って卒業式をするような話ではない。人生100年時代、いずれ「再入学」することも当然ある。入院時に認定調査して要介護4とえらく高い認定が出てしまったが、退院してしばらくしたら要支援にもならないほど元気になる例だって珍しくない。

2017年11月、彼自身が参加して『自立支援は誰のため？パート2』が開催されたとき、なぜか「私は介護保険から卒業なんて言っていない」と発言し、会場がざわめいた。もちろん、その場で彼が監修した書籍「埼玉・和光市の高齢者が介護保険を〝卒業〟できる理由」（メディカ出版）が示されてオシマイ。ＮＨＫで取り上げられて全国放映され、介護関係者で知らぬものはなかったのに、なぜこんなことを言ったのか今も不思議に思う。

もう7年ほど前、介護支援専門員の更新研修時、和光市で働くケアマネジャーと同じグループになった。席が隣になったこともあり、ケアマネに対する和光市の介入や地域ケア会議の様子などを根ほり葉ほり聞いた。「地域ケア会議に出すプランは作り変えるんです。あんまり叩かれないようにするにはどうしたらよいか、わかっているから」という話までしてくれた。ケアマネジャーはケアプランができてサービスを開始するまでには、いくつもの山を越えなければならない。それを本人抜きの会議で、寄ってたかって、変更を迫られる。だから、そうやって切り抜けるのだという。私が聞いたのはこの方ひとりだから、みんながやっていたとは言えない。けれども国を挙げて推進しようという方式の裏側で、現場のケアマネジャーがこんなことまでして利用者を守っていたのは事実だ。

新座市は埼玉県の「地域ケア会議」モデル事業に手を挙げ、1年間のモデル事業を行った。和光市の誇る「専門職集団」引っ越し公演のようなもので、東内氏自ら司会を務めた。反省会で、新座市の担当職員が「この事業で新座市流の地域ケア会議を作っていきたい」と発言したら、埼玉県の担当職員と東内氏が口を揃えて「いや、和光市モデルでやってもらいます」と言われたと同席していた人に聞いた。隣とはいえ、高齢化率も違えば介護サービスなど社会資源も異なり、そっくり和光市方式でやらねばならぬ理由はないと思うのだが、埼玉県が誇る和光市モデルを普及する役割を担わされてしまったのである。私は精神衛生に悪いので初回しか参加していない。参加したわが法人のケアマネジャーたちはため息つきながら戻って来た。

しかし、世の中はこれを熱く受け入れた。驚いたことに介護保険創設時に「介護の社会化、自己決定・自己選択」を推進した高名な人々が、あげて称賛に回ったのだ。なぜだろう。介護保険制度を準備していた当時には、親の介護世代だったが、この頃になると、介護予防が「我がこと」となり、目覚ましい成果を喧伝するこの方式を受け入れたのだろうか。チョット待って、これ、あなた方があんなに嫌った「措置」ですよ。何人かの人には面と向かっていったこともあるのだが、耳を貸す人はいなかった。

和光市の地域包括支援センター職員はどこより入れ替わりが激しい、市役所では福祉部から他部に異動するのを脱北という、地域ケア会議はほとんどケアマネいじめ、部長職にある人が地域ケア会議を仕切り個々の要介護認定に口をはさむ、云々。外では愛想の好い熱血漢は、内部ではとんでもないタイラントだったと聞く。一方、彼を信頼してやまない関係者もいた。確かにわが市でも取り入れたいと思うような試みも行われていた（これらは豊かな財政が支えていた）。そうした試みを一緒に立ち上げ、一緒に宣伝して回っていればそうなるだろう。だが、その人々が悪いわけではない。東内京一が悪すぎる輩だっただけだ。

彼の逮捕の報を知った時（第一報は電車の中でもらった知人の携帯メール）、てっきり収賄だろうと思った。あのブランドづくしにお金がかかったのかなと、とっさに思ったのだが、被害額は8000万円、そんなものじゃなかった。

自立支援だ、和光市方式だ、キラキラした幻想をバラまき、その一端は介護保険法の改正や介護報酬改定にも取り入れられた。しかし和光市の事業をよくよく見ると、ホントの顔は介護給付を抑制するために、サービス付き高齢者住宅で地域密着型サービスを利用して「施設並みのケアを在宅で受けられる」という、フツウの人にはよくわからん、しかしサービス利用にかかる金額の合計は特養ホームよりずっと高額なシステムの推進だ。給付抑制が大命題の国にとっては格好の好事例だったのは間違いない。

実は彼、新座市民である。彼の住まいがある地域の地域包括支援センター職員と「彼が高齢になったら、和光市方式でがんばってもらいましょう」と冗談交じりに盛り上がったこともある。我が暮らしネット・えんのスタッフには子どものつながりで付き合いのあった人もいる。彼が主導した和光市方式は思いっきり批判してきたが、まさか市民の財産を盗むような人間だったとは。

彼は逮捕の数年前から、「ネウボラ」という子育て支援の計画作成に力を入れていた。和光市のHPには今も上げられているが、彼の逮捕がなければ、これもまた国の地域包括ケアシステムの一環に取り入れられていたのだろう。

私はこのシステムの中身をつぶさには見ていないから、良し悪しを評価することはできない。だが、彼が主導したシステムがまた全国モデルになることは受け入れられない。彼の逮捕後、「東内は悪い奴だが、彼が作った和光市方式は別」という人もいるが、そうだろうか。芸術では殺人犯が立派な作品を残した例はあるが、これは介護・福祉施策である。形の上では悪くないとしても、芯にある「精神」はどうだろうか。人が老いて衰え、やがてこの世から去っていく、そのしんどさに寄り添っていくのが介護の役割ではないのか。いったん元気になるのを喜ぶのは当然だが、必ず次のステップが来るのだ。私が和光市方式を強烈に嫌ったのは、そのような視点が欠如していたからだった。高齢期になってもずっと元気で、介護保険サービスなしで生きていくことを良しとする価値観が許せなかったのだ。

だが批判を拒む強引な手法、特異すぎる数字をたたき出す手法は、冷静に検証すべきだった。どこにでも起きることとして、記憶しておかねばと思う。

彼の犯罪発覚で、市長が引責辞任し、和光市政は大混乱の様相と聞く。一番の被害者は和光市民だ。そして、無理な「重度化防止」を強いられる全国の高齢者たちである。「和光市方式」と東内京一が起こした事件について、是非とも厚生労働省の見解を伺いたいものだ。

第2節「大分県の実態」―その発祥と全県展開をたどる

工藤美奈子（大分県　介護支援専門員）

大分県モデル導入プロセス

大分県は、2012年より第5期介護保険支援計画で自立支援型の埼玉県和光市の手法をロールモデル（手本）として取り組んできました。

導入の前段階では、大分県杵築市が大分県への橋渡し的な役割を果たしました。2011年度に杵築市担当者が和光市を視察し、2012年2月に準備のための会議などが始まっています。当時の大分県福祉保健部の杵築市出身職員が、その後、2013年より県庁を退職して杵築市市長に就任したことなどから、杵築市と大分県の担当課と意思疎通を図りやすい条件ができました。一方、大分県の県知事は元経産省職員であり、高齢者福祉施策には明るいかどうかは明確ではありませんが、大分県高齢者福祉課と杵築市の2者間の関係性は良好で風通しがよく、杵築市を窓口として埼玉県和光市モデルとして、大分県内は一斉におなじ手法で「和光市モデル」を導入できる条件が整っていました。

もちろん、「和光市モデル」を導入したのは、大分県にはそうなる背景がありました。当時、全国一高額な介護保険料金の保険者（市）が県内に存在し、各市町村で介護認定率・給付額が伸び続ける傾向があり、大分県、市町村ともに将来の深刻な財源問題を抱えていたこともありました。そもそ

図2-4

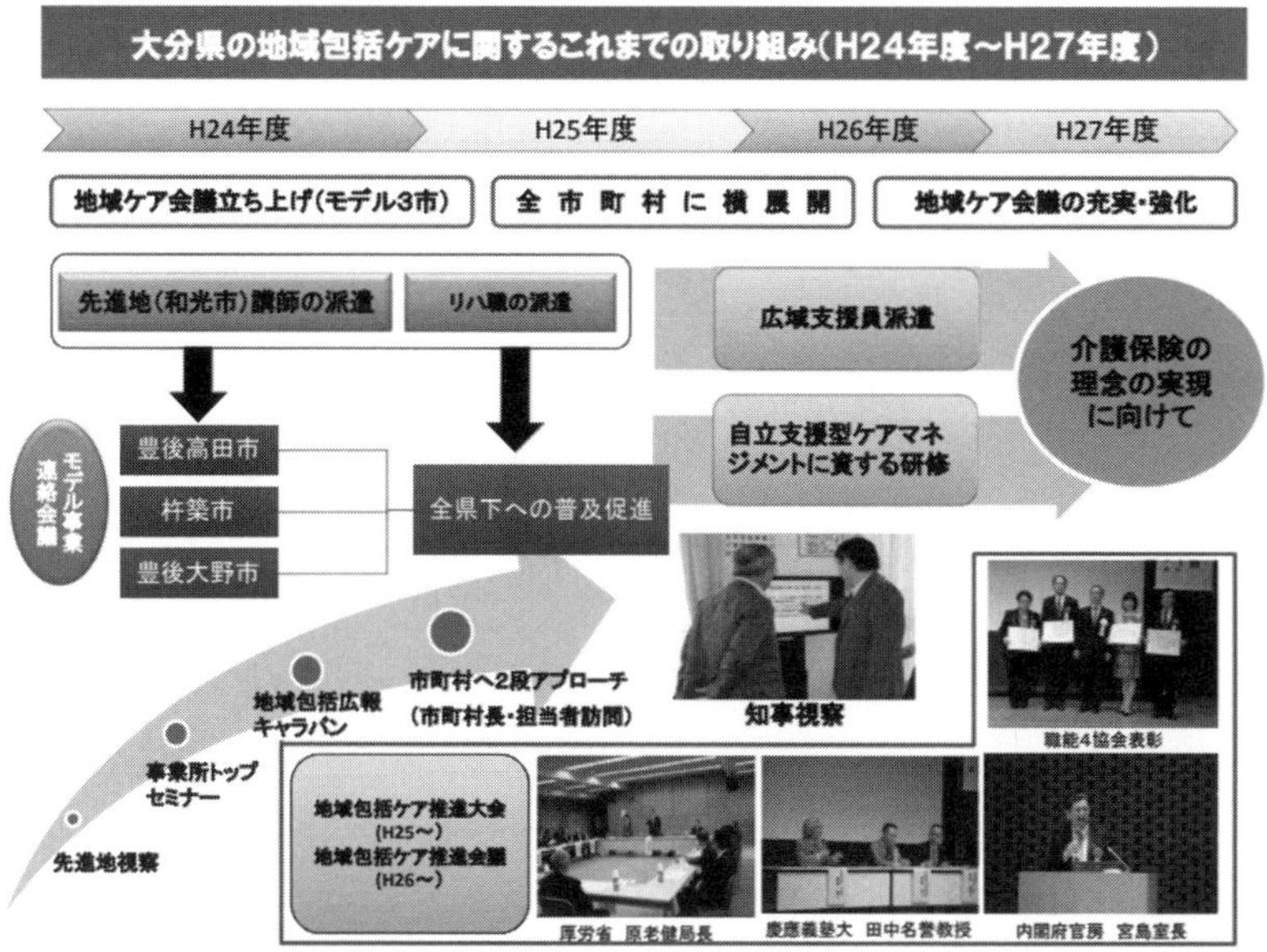

出所：大分県福祉保健部 高齢者福祉課「大分県における地域包括ケアシステム構築に向けた市町村支援」2016.10.22 第2回地方自治体特集セミナー

も上級機関と認識している県が決めたトップダウンの方針を素直に受け入れる市町村（保険者）の風土が大分県にはあったこと。また、介護支援専門員及び介護専門職らも行政の意向や方針を素直に受け入れる傾向があること（介護保険法の構造としても上下関係に陥りやすい面があった）。そして、何よりも住民が専門職や行政の判断を素直に受け入れるという県民性など大分県全体の風土と土壌があったこと等がこの問題の背景であると考えられます。

当時、和光市の担当課の課長であった東内京一氏の存在は「カリスマ的存在」で、大分県及び各市町村行政の頼るべき指導者として、介護支援専門員などの実践者への人材教育に大きな影響力を持ち、「和光市モデル」の浸透を後押ししました。すなわち、東内京一氏の存在が「和光市モデル」

図2-5

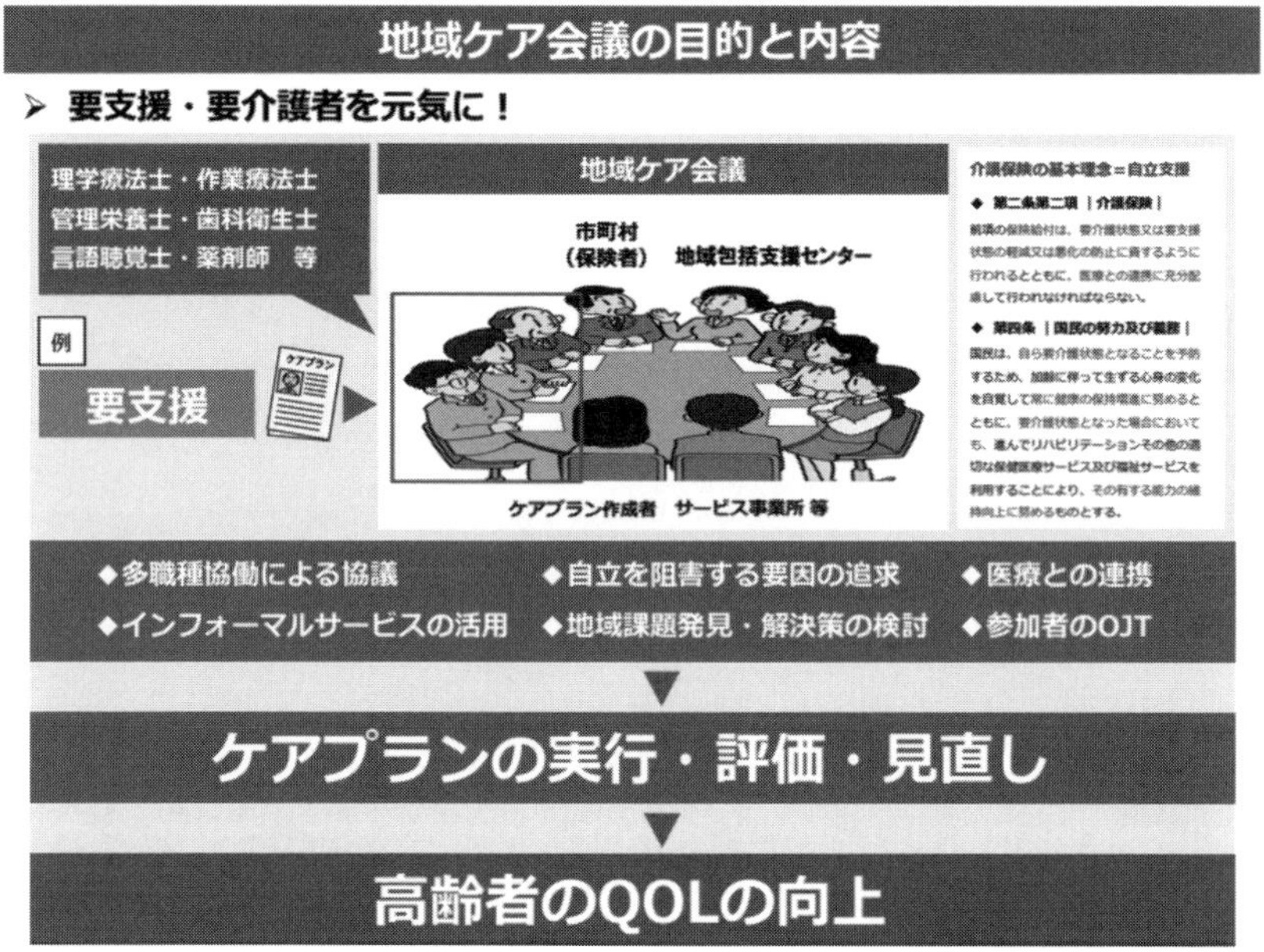

出所：大分県福祉保健部 高齢者福祉課「大分県における地域包括ケアシステム構築に向けた市町村支援」2016.10.22 第2回地方自治体特集セミナー

と言う地域ケア会議手法が大分県内に広がることに効果的だったのです。

大分県の多くの担当職員の東内氏への応接は、脇から見ていると非常に丁重なものでした。他方、彼は200名余りの行政職員と介護系専門職の公の研修の場で、ステージの下に座っていた大分県担当者に対して壇上から「〇〇ちゃん、これはどうにかしないと大分県は大丈夫なの？」などと発言し、あたかも小学校の先生と生徒の関係のような話しぶりでした。実践現場の行政職員と介護系専門職の面前で、県担当者を愛称で呼んで、大分県の批評を話す態度は、印象深いものでした。

第5期にスタートして以来、2017年頃まで東内氏は度々来県し、「和光市モデル」の伝道者として地域包括支援センター職員、居宅介護支援事業所の介護支援専門員、通所介護・訪問介護の介護実践者へ「自立支援型介護」「自立支援型ケアマネジメント」を教育する中心人物となりました。大分県内で「和光市モデル」の目的と親和性の高い活動で実績を上げていたセラピスト等をコーディネーターとして使い、5期、6期、7期の施策として県内に「和光市モデル」を広げていきました。それらは、大分県で介護保険制度が変容してきた一つの要因だと私は理解しています。

具体的な事業として大分県と各市町村が取り組んできたのは、左記の3点です。

1　地域ケア会議

ケアプランの評価を通じて、医療職3職種（リハビリセラピスト・歯科衛生士・栄養士）が助言をする形をとる。このケア会議のやり方をモデル市町村を選んで、研修を実施し「自立支援型介護」の浸透を段階的に全県下に広げる指導を展開した。

2　自立支援型研修開催

介護支援専門員、通所介護事業所と訪問介護事業所の介護実践者へ自立支援型の「研修」を行う。

介護支援専門員法定研修のアセスメントの単元はリハビリセラピストが担い、身体機能と住環境のアセスメントに力をいれた教育がなされてきた。

通所介護事業と訪問介護事業への研修も自立支援型として予算を確保し、毎年実施されている。現在も自立支援型ケアプランの研修は継続している。

3　認定調査員研修の強化

図2-6

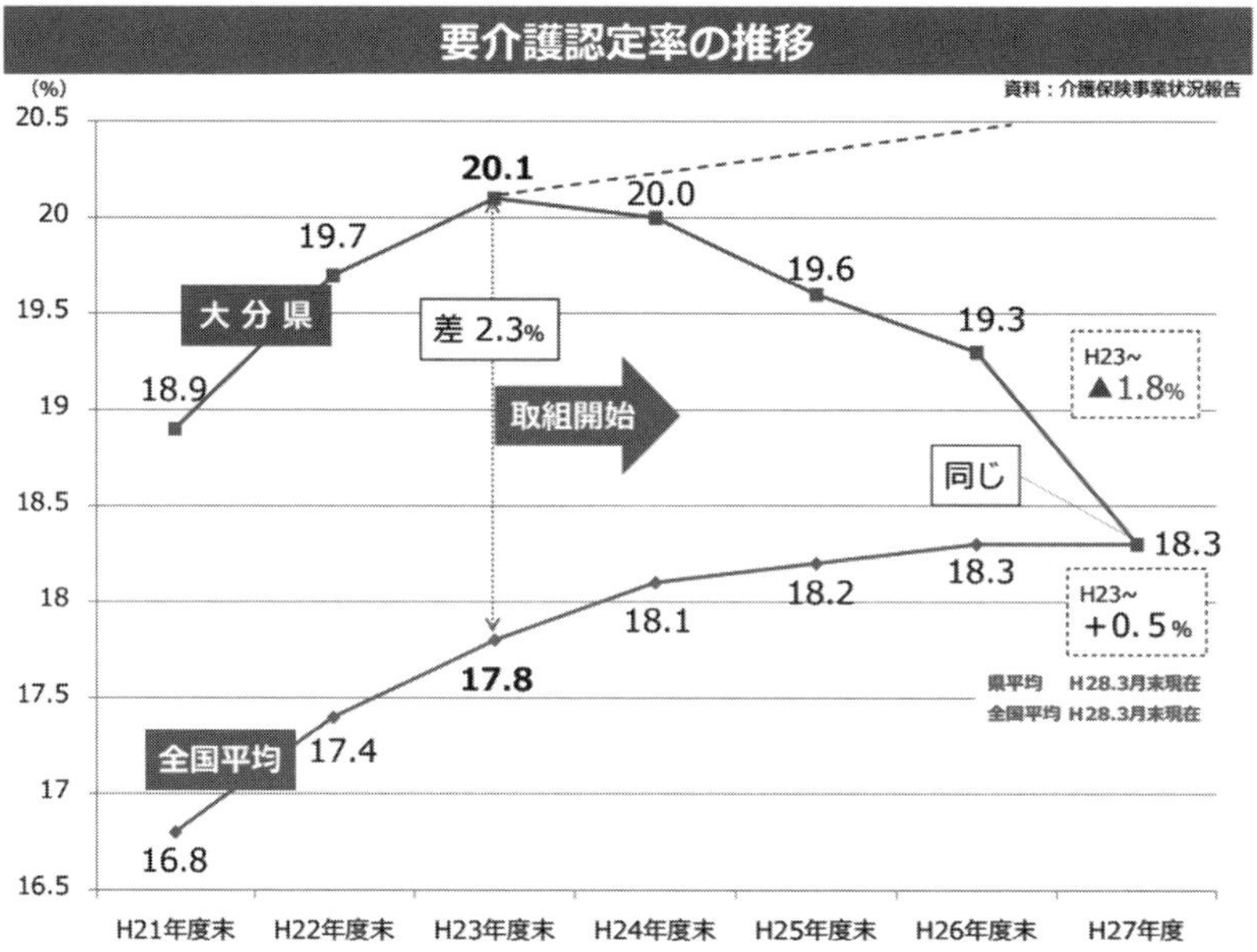

出所：大分県福祉保健部 高齢者福祉課「大分県における地域包括ケアシステム構築に向けた市町村支援」2016.10.22 第2回地方自治体特集セミナー

同じ講師で県下一斉に毎年開催。

調査員への指導のための研修を大分県は一斉に各保険者の認定調査員（介護支援専門員含む）に行うように変わった。

研修を受講した者としての私見ではあるが、より認定が出しにくいように調査項目の文章を狭く解釈した内容で指導していると感じる。多くの調査員も調査員の研修内容が以前と変わったという印象を持っている。審査会委員への研修でも「要は、一次判定の結果をよほどじゃなければ変えてはいけないようになってきた」という委員の声も聞こえてくる。

※大分県の認定率低下の背景は、上記の1、2、3の相互作用だと

感じているが、特に3の認定調査員のモノサシ管理が狭く厳しくなったという実感がある。私が所属している事業所が担当している某市（大分市以外）の場合では、身体機能の良い認知症の方数名が要介護1から要支援に軒並み低下した。また、「和光市方式」の導入により「状態像は変化を感じていないが認定が低くでるようになった」と実感している介護実務者、介護支援専門員、利用者及び家族の声が少なからず聞かれる。

大分県における自立支援型の功罪

大分県における「和光市方式」の「自立支援型ケアプラン」の導入によって起こった変化とその功罪を以下考えてみることにします。

その**第1は**、地域ケア会議で医療職からケアプランの助言を得る機会が増えたことです。ケースに沿った運動器、栄養、口腔機能などの内容で、専門職からの助言が得やすくなりました。

第2は、医療職を講師とした公的研修が増え医学的知識を学ぶ機会が多くなりました。前節の述べた1・2の理由により医療的な指導や学習の機会がふえたことで「医学モデル」の視点を強く持つ介護支援専門員や介護専門職が増えています。つまり、「医学モデル」でしっかりケアマネジメントすべきケースについては、効果的にリハビリ等で改善を目指すことに対応できる力が身についたと言えます。

しかし一方で、「医学モデル」に強いバイアスがかかった実務者が養成されている可能性があり、問題も生まれています。最近は少し変容しつつあるようですが、「介護度認定が軽くなること、非該当になることが良いこと」で、それを「自立」と捉える。すなわち、自立支援とは維持・改善を目指すことであると指導していた。このような視点を強く身につけた介護支援専門員や介護専門職が増えているようです。

第3は、機能改善目標のケアプランの一方で、認知症・精神疾患のケースは、不得手になる傾向があります。

認知症介護実践者研修などの法定研修の中で実践プランを持参してもらうと、BPSD（認知症の行動・心理状況）が起きているにもかかわらず、身体機能改善を目的とした歩行機能の改善プランなども散見されました。この数年、地元の認知症介護指導者として研修に関わっていますが、こうした傾向が増えてきたように認識しています。

2016年度の調査では、要介護の原因疾患の第1位が認知症となっている事実を踏まえると、認知症・精神疾患等のケースに対しては、ケアプラン及びケアマネジメントを学ぶ機会が十分でないと考えます。研修会のアンケートでも認知症または精神疾患については、支援困難と答える専門職も多くなっています。認知症や精神疾患、さらには8050問題など支援が多面的で複雑なケースが増加しています。ADLに単純化した機能主義的な「医学モデル」だけでは太刀打ちできないことは明らかです。こうした多面的で複雑なケースに対応できるスキルをつける学習・研修が求められています。しかし、この間の大分県における学習環境は、「自立支援型」と比較して十分とは言えません。

第4は、機能改善を中心としたケアプランでは利用者の支援が上手くいかないケースがあることが十分に理解されていないことです。

認知症や精神疾患等のケースは機能改善プランでは生活課題が解決しません。当然ながら、認知機能障害からくる生活のしづらさについては、運動器・栄養・口腔ケアでは対応できません。地域ケア会議において、この数年間私の所属する事業所が提供した事例は、全て認知症ケースであり「大分モデル」の地域ケア会議で検討いただきました。その結果から3職種の助言はほとんど実践現場に効果的な助言となりませんでした。そもそも地域ケア会議の追跡調査の結果については、行政も評価しきれていません。こうした現状が保険者、県担当部局で十分認識され、解決策が検討されているとは言えません。

以上のような大分県における「和光市方式」の「自立支援型ケアプラン」の導入によって起こったことの意味を権利の主体者としての利用者・家族の視点から、問題点を幾つか浮かび上がらせることにします。

その一つには、保険者である行政権限の強化が図られていることです。県民性として、行政指導に「しかたない」と応じる傾向もありますが、「和光市モデル」を導入以降、要介護認定や、介護サービスの提供場面で、行政（公権力）による介護サービス利用制限が強化されてきていると感じることです。

「状態像は変わらないのに認定結果が軽くなる」と感じている介護の専門職や当事者（家族含む）の声があり、訪問サービスの時間や回数制限の指導が強くなっており、介護保険が使いにくくなったという高齢者・家族の不満も徐々に広がっています。

二つには、現行の「地域ケア会議」の課題・限界が見え始めたことです。

＊「地域ケア会議」へ認知症等の事例を提供しても、そのケースの課題を解決するための効果的な助言を得ることが難しいことが多いです。認知症や精神疾患等のケースでは、当事者の生活の課題を面談で当人と幾度か対話し、観察して掴み、これまでの生活歴の特性を把握し、且つ、その当事者の住まいや親せき縁者、近隣の様子等の生活環境を知ることによって、初めて適切なケアプランを立てることができるのです。しかし、短時間で、直接ケースとの接点のないメンバーで構成される「地域ケア会議」によって、的確な助言を期待することはできないのは、当然の話です。

＊「地域ケア会議」は、公的保険にたよらず自助や地域の社会資源を掘り起こし、多様なサービスによる支援態勢を生み出すこともその役割とされています。しかし、各地域の現状は、少子高齢化によって、「社会的資源」なるもの見出すことは極めて困難です。そして、「地域課題」を抽出という役割は、「地域ケア会議」にとっても、地域包括支援センターにとっても、例え抽出できてもその課題を実践できる条件が極めて乏しい状況です。

「地域ケア会議」によって、適切なケアプラン＝「自立支援型プラン」作成を支援していくという目的は、その制度設計からして無理があり、限界があると感じるのです。

三つには、「自立」についての狭い、誤った理解・解釈が現場に混乱をもたらすことです。

「和光市方式」の「自立支援型ケアプラン」の導入以降、「一人で、できるようにする」ことを自立支援と自信をもって考える保険者行政と専門職が増えました。その結果、その考え方で介護実践やケアプランを指導することになり、従来の「何らかの疾患や障碍があっても、その人の意思に基づき、その人らしい生き方を支援する」という自立（自律）支援の捉え方を否定することも起こり、行政担当者、介護実践者の中で混乱が起こることもありました。

介護を食事の確保、掃除・洗濯という作業をすることであり、入浴、排泄、食事介助、移動・移乗などの動作の介助をすることだと捉えている行政と専門職もおり、介護福祉の実践が誤解され、介護保険がどんどん「その人らしい生活支援」の制度から、老化防止・身体機能を保持することが目的であるかのようなズレた制度の運用になってきています。つまり、「介護とは何か？」が共有されていないのです。

私の体験した事例では、本来なんら制限を受ける必要もない「訪問介護」のケアプランに対して、その位置付けを否定される指導を受けた経験があります。3名の行政担当者の指導は、理不尽な指導だと思いました。諦めずに根拠を丁寧に説明し1時間かけて3名の行政担当者には納得していただいたが、これは、助言ではなく、公権力を背景にした強引な指導であると言えます。私の場合は、何とかこの誤った『指導』を訂正させることができましたが、多くの場合、同様な行政担当者の『助言』という名の公権力行使は、ケアマネジャーに強いストレスがかかる指導のあり方となるのではないかと思われました。

こうした行政指導の在り方は、ケアマネジャーが利用者さんの希望や意思を「保険者が認めないので」との言辞で、被保険者の権利を制限することが頻発しているのではないか、と感じるのです。介護支援専門員が、結果として被保険者の権利を制限する役割を担うことが常態化するとすれば、こんな恐ろしいことはありません。

まとめ

日本は超高齢社会の人口構造と財政等の問題から、介護保険制度の持続性が取り扱われてきました。その結果、介護保険開始以来、サービス提供の量と質の向上は、常に、その社会的コストの支払い能力と支払い方法とのパワーバランスが問題とされてきました。

本来の介護保険の尊厳を保持するための「自立支援」が、切り縮められ「老化予防」や「身体機能自立」に矮小化されて来ています。特に大分県では、この結果に至った背景もあり、一専門職としては日々不本意な気持ちを抱いて仕事をする結果となってます。

しかし、だからこそ「自立とは何か」「介護とは何か?・」を問いなおす機会であるとも言えます。権利擁護の立場でありながら医学モデルを無自覚に実践したことで権利侵害の立場に陥っている危険性を専門職として見直す必要があります。大分県では、導入された「和光市方式」とは、ICFを使いながらも「医学モデル」の身体機能の維持・改善を目指す支援方法だと考えるからです。

「医学モデル」と「社会モデル」の対立的な側面と、この二つを統合したICFの歴史的位置を確認し、私たちの馴染み深い「生活モデル」の重要さについて、改めて、関係各位と対話する時期が来ていると考えます(この点の整理は、文末の「補注」参照)。

私たち介護福祉実践者は、対等な立場として行政、他職種、市民に問題を明確に伝える時が来ていると捉えるべきであろうと考えます。

「一人ひとりのその人らしい生活を支える」介護は、その人の生き様や願いに寄り添ってなされるものです。だから、「数値化できないこと」の大切さを私たちは知っているのです。命の意味でもあります。高齢者、とりわけ認知症の方等の意味不明と思われる言動に対して、生命体である人間の生存本能として「防衛」「保身」からくる発言や行動である側面とも言えます。

「介護・福祉とは何か?・」を十分言語化できず、伝えきれてない今までのケアマネジメントと介護福祉実践のあり方を顧みる課題も明らかになっているだろう。そのために学習の場をつくることや行政や職能団体とも対話することを一専門職としてこれからも継続したいと思います。

ボランティアに、「人の命を支援する責任のある人的ライフライン」を国が、地域社会が押しつけてはいけないということを共通認識にする必要があります。ボランティアを前提に社会保障が議論されているおかしさを再考する必要性を感じています。

そもそも「この国の型」を捉え直すことも必要だと思います。高齢者に限らずに障害・子供・大人全ての世代で介護殺人・虐待・ハラスメント・引きこもり・自殺など悲惨な事件が毎日のように起きています。特殊な人が起こした特殊な事件ではない「社会問題」として、これだけ多くの国民が現行の社会システムで支援できず起きている「現象」としてこの悲惨な事件を捉えると、その事件の水面下には毎日が綱渡りのように命を繋ぎ揺らぎながら生きている危うい人が数多くいるのではないでしょうか?

この事実から目を逸らさず考え行動するときだと思います。社会システムの一つである「介護保険」をどう取り扱うのか?・多くの人が死にゆくまでに「介護が必要な状態となる事実」をどう考えるのか？私たちの質が問われていることだと思います。

※大分県福祉保健部資料等は編集部において添付しました。

＊＊＊補注＊＊＊

「医療モデル」批判の「社会モデル」／「生活モデル」／ICF

「医療モデル」は、ある『障碍』を当人への治療と訓練によって取り除くべきだと考える。他方、「社会モデル」は、何らかの『障碍』は、その『障碍』を結果させている社会関係こそを改善すべき課題であると見る。従って、「医療モデル」は、当人の「（現状で）できないこと＝不可能性」に着目するが、「社会モデル」は、その人の「（現状で）できること＝可能性」に着目する。その結果、「医療モデル」は、現状のクライアントを否定形で、「社会モデル」は、現状のクライアントを承認形で見る傾向の相違・対立が起こる。

日本では、1990年代後半から、こうした「医療モデル」への批判として、介護の現場などで「社会モデル」を「生活モデル」と言い換え、高齢者や障碍者の自立生活を支えるリハビリテーションの方法論として「生活リハビリテーション」という実践が取り組まれるようになった。日常生活の在り方の中で、当事者の生きる力、生きる希望を育てていく取り組みである。

1980年代、WHOにおける国際障害分類の策定作業の中でも、「医療モデル」と「社会モデル」の対立が続いたが、最終的に2001年にICF（国際生活機能分類）が採択された。その特徴は、それ以前の国際障害分類（ICIDH）は、身体機能による生活機能の障害を分類するという考え方が中心であったが、その評価に「環境因子」という観点を加えたことである。すなわち、当該の者の「現に存在する在り方＝抱える『障碍』」は、環境因子と個人因子の相互作用の結果として現れていると考えることになった。

しかし、ICFによって、「医療モデル」と「社会モデル」の統合が完成したとは言い難い。上記のような二つのモデル間のこの相違が、新自由主義的な世界観が蔓延する中で、何らかの『障碍』を予防し、治療・訓練して回復する努力を当事者であるその個人の責任の問題にする（個人因子の重視の）「医療モデル」的な捉え方が、強調されるようになる。つまり、「自立支援型介護」「自立支援型ケアマネジメント」は、ADLに単純化した機能主義的な「医学モデル」の弊害を生み易くなる。その遠因は、介護サービスの社会的コストを抑制しようとする政治的・経済的圧力にあるといえる。

（水野博達　元大阪市立大学教員）

第3節　大阪府大東市の介護の実態

新崎美枝（大阪府大東市議会議員）

新総合事業で「介護卒業」＝サービス引きはがし推進

大東市は全国にさきがけて2016年度から新総合事業（「介護予防・日常生活支援総合事業」。要支援者の訪問介護〈ホームヘルパー〉と通所介護〈デイサービス〉を介護保険給付から切り離しておこなう市町村事業。全国の大半は2017年度から）を開始しました。「2025年には後期高齢者が1・5倍になり労働人口が減少」「将来ヘルパーが足らなくなり生活の困り事を支援してもらえなくなる」などと市民や介護関係者へ不安を煽り、①介護専門職以外の新たな支え手の確保→軽度な方の家事援助を支援、②介護予防の強化＝「大東元気でまっせ体操（市独自に作成）」活動拡大→元気な高齢者を増やす、③介護保険の上手な使い方をみんなが知る→自立した日常生活への復帰を目指す介護保険サービスとして、「介護サービスからの卒業」＝「自立」を徹底的に進めていきました。

掃除や調理が中心の生活援助は90分の講習を受けるのみの有償ボランティアがおこなう生活サポート事業へ移行。誇りをもって訪問介護の仕事をしていた私たちは、専門性を軽視し、格安サービスへ移行していくやり方に大きな憤りを感じました。

また、入浴が主な利用目的となっている通所介護利用者に対して、自宅の浴室に福祉用具の導入や手すりの設置などをおこなうからとして、通所介護が制限されました。さらに通所介護は3カ月間で「卒業」し、近くの「元気でまっせ体操」（10人以上のグループで各地で開催）に通うことが位置付けられました。こうしたなか、通所介護を中止された方が、杖と水筒とマットを持って「体操」に歩いて通う（送迎はない）途中に転倒し家族が介護を余儀なくされる事態も生じるなど、「介護サービスからの卒業」＝「自立」の強力な推進は、高齢者とその家族に新たな負担を強いています。

介護サービスから引きはがしの実態については、２０１６年秋ころから大阪社会保障推進協議会と大東社会保障推進協議会と共同で本格的に調査し始め、具体的な事例検討をおこない、大東市への要望と懇談を繰り返しました。

二つの事例

大東市の「介護サービスからの卒業」というサービス打ち切りによって多くの要支援者がこれまでの生活が維持できなくなっていきました。二つの事例を紹介します。

２０１７年当時80歳で要支援２の男性・一人暮らしの人です。脳血管疾患及び心筋梗塞のため、デイサービスに4年間通所していたが認定更新と同時に「卒業です」とデイサービスを打ち切られました。血液サラサラになる薬を処方されており、医師からは「絶対に転倒しないように、けがをしないように」と厳しく指導されていたこともあり、デイサービスが中止になった後は外出も恐くなり、自宅でゴロゴロして過ごすことが多くなりました。さらにホームヘルパーも「卒業」となり、夜は配食弁当、朝昼は兼用でラーメンか卵かけごはんという食生活となりました。「卒業」前のケアプランの目標にあった「規則正しく食事をする」「栄養バランスのとれた調理と食事」はできなくなったのです。

もう一人は、「自立」を強制するあまり個々の利用者の病状を無視したケアプランを押し付けたことによる犠牲の事例です。糖尿病性末梢神経障害で歩行が困難な当時70歳代後半の要支援1の男性は、主治医が指示した通所リハビリテーションが大東市から認めてもらえず、「短期集中自立支援型サービス」で「入浴自立」を目標とさせられました。しかし、自宅でＤＶＤを見て「元気でまっせ体操」をするというプランは、心房細動と肩関節に可動域制限がある男性の病状を無視したものであったため、急速に状態が悪化し、４カ月間入浴できず、下肢の抹消神経障害が悪化し、体力も低下して重症肺炎で入院となり寝たきりの要介護5となってしまいました。

２０１７年11月17日には「大東市介護保険総合事業現地調査」を全国からの２２０人参加の大行動でおこない、『介護保険「卒業」がもたらす悲劇～あなたのまちが大東市と同じ失敗をしないために～』（日本機関紙出版センター）にまとめています。

その後、大東市は「卒業」を「復活」と言い換えるなど表面上の改善のみをおこないましたが、介護費削減の動きは続いています。

コロナ禍で脆弱性があらわに

新型コロナウイルス感染症拡大の影響では、２０２０年4月の緊急事態宣言で元気でまっせ体操は市内１２５グループのすべてが１カ月以上休止となり、生活サポート事業は買い物サービスに限定されるなどサービスが全面ストップし、利用者には大打撃となりました。一方で、介護保険サービス

表2-7　大阪府と大東市の介護認定者数比較

（単位：人）

	大東市認定者数		大阪府認定者数	
	要支援1	要支援2	要支援1	要支援2
2016年3月	1,134	1,051	96,359	72,964
2020年10月	747	847	101,486	78,719
増　減	-387	-204	5,127	5,755
増減率	-34.1%	-19.4%	5.3%	7.9%

厚生労働省「介護保険事業報告（暫定）」から作成

の利用状況は約10％減にとどまりました。

コロナ禍で住民主体型のサービスに全面的に頼っていた脆弱性があらわになりました。災害時でも利用者のために続けようとする事業所の一方で、住民主体型では継続はできませんでした。

要介護認定・ケアプランへの介入

大東市では介護認定を受けなくても25項目の基本チェックリストで事業対象者と位置づけ訪問・通所サービスが利用できる仕組みがあります。その狙いは介護認定にかかる費用（医師の意見書料、認定調査費用、介護認定審査会費用などで1人約1万5千円＝自治体通信ＯＮＬＩＮＥ、逢坂伸子「高齢者が続々と介護を〝修了〟できる『大東市式総合事業』の仕組み」）を削減することでした。介護認定を受けない場合、医療情報が必ずしも手元にあるとは限らず情報が不足したままプランを立てることになります。

また、介護申請の「水際作戦」がおこなわれた結果、要支援の認定者数は大阪府認定者数が増加傾向であるのに対し、大東市では２０２０年10月には２０１６年３月と比べて要支援１の認定者増減率は34・１％減、要支援２は19・４％減となっています（表２－７、２０２０年10月の事業対象者は84人)。

２０１６年3月、要支援の訪問介護の利用者は６２５人でした。２０２０年3月には総合事業の訪問サービスの利用者は全体で２５９人となっており67%の方が生活サポート事業への移行や「利用なし」になります。

また、２０１６年3月の要支援の通所介護利用者数は５２２人でした。２０２０年3月には総合事業の通所サービスの利用者は全体で１６５人となっており、76%の方が「元気でまっせ体操」への移行や「利用なし」となっています(表2-8)。

この状態はこれまでの利用者が〝元気になった〟と一概に言えるものではありません。私たちは高齢者の状況を把握するため、２０１９年秋に介護保険「困りごと」聞き取り調査をおこないました。75事例が寄せられ、総合事業の影響を受けたと思われる事例が多数ありました。

要支援認定は受けたものの、ヘルパーを使うことができずサービス利用をされていない方は多く、要介護が要支援に、要支援が非該当になるなど、前回より認定結果が下がり、これまでのサービスが利用できなくなったという方も複数名ありました。さらに、サービスが利用できずに身体の動きが悪くなったり、痛みが強くなるなど生活に支障をきたし、転倒するようになった事例もありました。

また、介護の認定までに2カ月かかり杖や手押し車の自費購入を余儀なくされた事例、要支援で認知症の方がヘルパーを使えず脱水症状であっという間に要介護になられた事例など、支援が必要な方でも支援が受けられない事例が多数報告されました。要支援者はヘルパーやデイサービスが使えないため、2万、3万円と自費で介護サービスを受けている事例もありました。

〝何のために高い介護保険料を払っているのか分からない〟という怒りの声が多数ありました。そんななか、心あるケアマネジャーは制度と利用者の間で板挟みになり、精神的にもつらい思いをしています。

予防マネジメント・予防プランの再委託推進

大東市では要支援1・2と事業対象者の予防マネジメントと予防プランは地域包括支援センターの協力法人4カ所のケアマネジャーがほぼ100％担当してきました。このことがケアプランへの介入、統制・管理を容易にし、新総合事業の移行、「介護卒業」が進んだ背景と推測されています。

そして、介護サービス抑制が浸透した2020年3月、今度は、協力法人以外の法人から不公平感を訴える声が上っているとして、大東市は予防プランを協力法人以外の法人へ再委託していく方針を打ち出しました。

その狙いは「居宅介護支援事業所のケアマネジャーの自立支援マネジメント力向上」で、要するに要介護状態のケアプランでも「自立」＝「介護サービスからの卒業」をめざすことができるようになりなさいということです。しかし、再委託を受けるケアマネはごく少数にとどまりました。それは「無言の抵抗」にほかなりませんでした。

すると今度は、市は「加算制度」を導入し、再委託を推進しようとします。これは、要支援の予防プラン（報酬＝月431単位）と要介護1・2のケアプラン（同1057単位）の差額を12カ月間に

2020年3月

	サービス種別		要支援１	要支援２	事業対象者	合計
総合事業対象者数（要支援認定者数）			848	851	84	1783
総合事業（訪問）	現行相当サービス　訪問		3	13	3	19
	緩和サービス　訪問（短時間）		46	121	41	208
	緩和サービス　訪問（生活援助）		9	17	6	32
	生活サポート事業		43	30	53	126
訪問介護　合計						**385**
予防給付（通所・リハ）	通所リハビリテーション		61	102		163
	訪問リハビリテーション		3	3		6
総合事業（通所・リハ）	現行相当サービス　通所		6	42	4	52
	緩和型サービス　通所（短時間）		24	24	36	84
	短期集中自立支援型サービス	年間	171	163	12	346
		月平均	14	14	1	29
通所介護　合計						**165**
一般介護予防事業	元気でまっせ体操		203	155	80	438

※短期集中自立支援型サービスCは年間346名の利用(月平均29名で算出のため誤差有)
※大東市提供資料(介護予防・日常生活総合支援事業〈総合事業〉令和元年度実績一覧）及び厚労省HP介護保険事業状況報告書より作成
※元気でまっせ体操は令和元年度実績の数値のため、年間1回でも参加したら1人とカウントされた数字。

表2-8　大東市の介護保険・総合支援事業実施状況

2016年3月

	サービス種別	要支援1	要支援2	合計
要支援認定者数		1134	1051	2185
予防給付（訪問介護）	訪問介護	281	344	625
訪問介護　合計				**625**
予防給付（通所・リハ）	通所リハビリテーション	81	171	252
	訪問リハビリテーション	4	3	7
	通所介護	243	279	522
通所介護　合計				**522**

訪問系サービスはマイナス

38.4

通所及びリハ系サービス
イナス

68.4

渡り、条件をつけて加算するというものでした。その条件が、「訪問型・通所型サービスの終了」「元気でまっせ体操参加継続」等なのですが、必要な介護を「卒業・終了」させるのは実際はかなり困難です。さらに、市は、予防プラン等を担当していないケアマネの要介護1・2のプランはケアプラン点検をするという条件をつけました。

ケアマネアンケートから

こうした事態に、私たちは現場のケアマネに率直な意見を聞こうと、2020年6月、アンケートを実施しました。19事業所（回答率61・2％）、47人のケアマネから回答があり、多くの回答があったことにおどろくとともに、利用者の立場に立ってがんばっていることがよくわかりました。

アンケート結果では、予防マネジメント・予防プランの再委託の「加算」に「賛成できる」はわずか2人（4・3％）で、「賛同できない」（25人、53・2％）が過半数を占めました。利用者が困難になるものを「加算」で押し付けようということへの批判にほかなりません。

実際、再委託は2020年7月実績で75件（7・7％）にとどまっていました。私はその根本的な理由は、信頼を得ることができない政策を上からの圧力で押しつけるという〝恐怖政治〟が、大東市の介護行政のなかでおこなわれていることにあると考えています。

それは、予防プラン等を担当しないケアマネに対しケアプラン点検というペナルティの実施について問うたアンケート結果にも表れています。「賛同できる」が3人（6・4％）に対し、「賛同できない」（32人、68・1％）と7割が反対でした。この問題については、「ケアマネを信用していない行為」、「脅しとしか思えない。誰もが（再委託を）引き受けないということを重く受け止める必要がある」など、意見欄には圧力、パワハラなどの言葉が散見され、非常に反感が大きいことが分かりました。

私たちはこのアンケートに寄せられたケアマネの意見を大東市に伝え、制度の改善を求めて要望書を提出しました。大東市は、要望書の回答で、ケアプラン点検について「一部誤解を招いてしまった……『ケアプランアドバイス』という用語に変更（した）」などと回答しましたが、ペナルティとしての「ケアプラン点検」への反省なしに、信頼を回復することはできません。

基金ため込み介護保険料引上げ

大東市は2016年から3年間で総合事業の効果を7億円としていますが、その内訳は要支援1・2の通所介護（デイサービス）、訪問介護（ヘルパーサービス）、ケアプラン料です。「7億円の効果」は言い換えれば「市民が受けた被害の額」です。

大東市の第7期（2018～2020年度）の介護保険料は前期より9・6%の大幅アップの基準月額6380円（大阪府内41市町村で10番目に高い）で、第8期（2021～2023年度）はさらに40円引上げて6420円（府内11位）となりました。一方で「基金」（介護給付費準備基金）が16億3547万円も貯めこまれていることが分かりました。毎年2億円～3億円のペースで積みあがっているのです（**表2-9**）。これは、介護サービスを削って浮かせたものですが、2018年当時、大東市は3年間で5億7千万円の基金を取り崩すとしていましたが、繰り入れを行い

表2-9　大東市の異常な介護保険給付費準備基金の積み上がり

（単位：円）

期	第6期			第7期		
年度	2015	2016	2017	2018	2019	2020
基金残高	273,837,542	470,177,053	745,159,603	1,077,631,959	1,349,187,612	1,635,473,000
対前年度増加額	85,419,828	196,339,511	274,982,550	332,472,356	271,555,653	286,285,388

ませんでした。そして２０２１年、第８期の介護保険料を決める際は基金16億３５４７万円のうち半分の８億４千万円しか取り崩さず保険料を引き上げたのです。

大東市は大東公民連携事業を推進し「もうける自治体」づくりに躍起です。地域包括支援センター基幹型を大東まちづくり株式会社に委託し、大東市発の健康長寿ビジネスで健康寿命を伸ばし、まちに賑わいをもたらすとして、全国で２００億円～１０００億円の社会保障費を削減し、国民を健康にすると宣言し、財務省にも注目されています。

総合事業を要介護者へ拡大

国は介護保険法施行規則を改定し、介護予防・生活支援サービス事業の対象者に、「介護認定による介護給付に係るサービスを受ける前から総合事業のサービスを継続的に利用する居宅要介護費保険者」を追加しました。だれを対象者とするかは、市町村判断にゆだねられています。私たちは大東市に「総合事業の介護予防・生活支援サービス事業については、要介護者まで対象拡大をしないこと」と要望をしました。大東市の回答は自立が見込める場合においては、総合事業サービスを含めた必要な支援をおこない、自立に向けた支援を図っていくとし、要介護者へ拡大していく意向を示しました。実際に大東市の

２０２１年２月実績では総合事業利用者の中に14人の要介護者が含まれています（「生活サポート事業」10人、「通いの場への移送サービス」３人）。

実態の告発と現場の声あつめて

大東市の介護保険・総合事業に対する運動は6年目をむかえています。これまでの取り組みのなかで介護制度改善への打開方法は実態の告発と現場の声をあつめて行政に伝えていくことだと感じています。ケアマネジャーがアンケートの回答を通して声を上げ、何点か改善が見られたことは大きな一歩でした。このことを教訓に、今後も現場や市民の声をあつめ運動を強めていきたいと思います。

図2-7

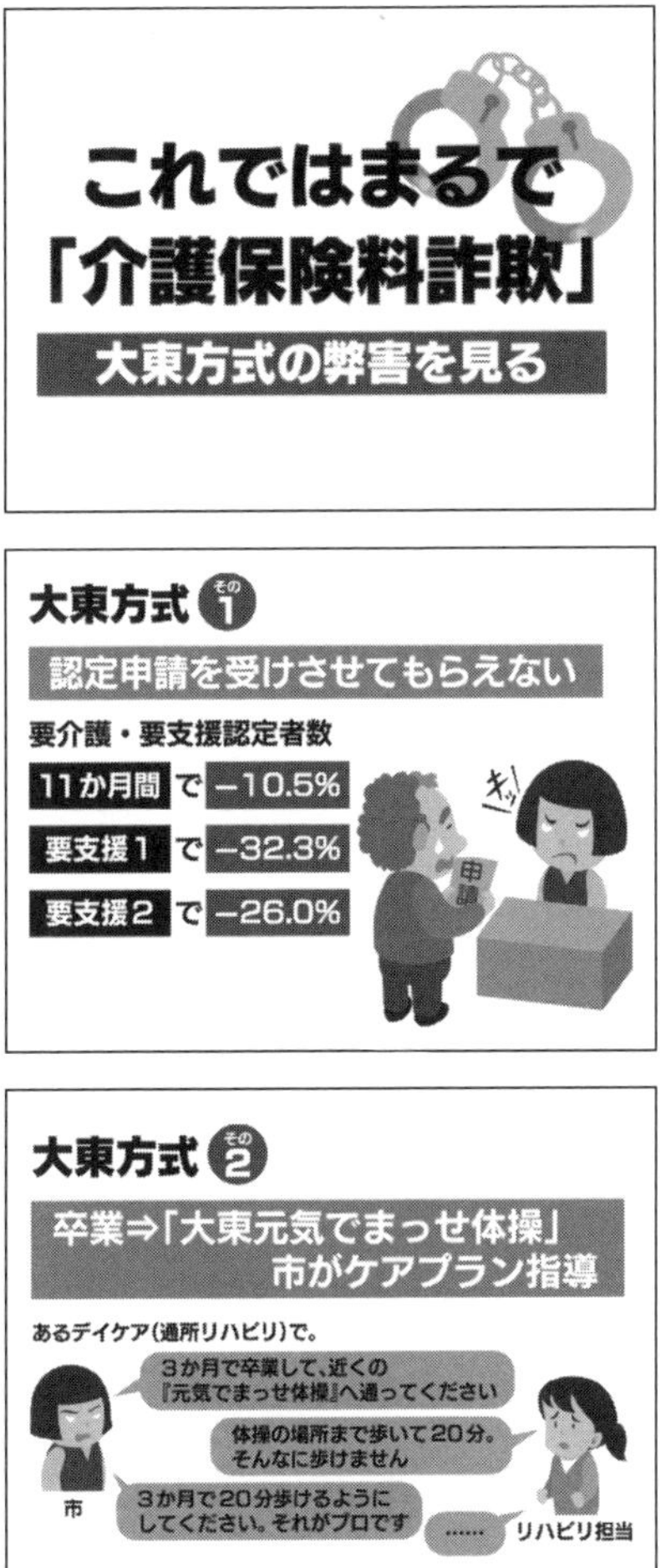

【大阪社保協作成のスライドから】

第4節　桑名市の「自立支援」―「卒業」モデルの検証

村瀬　博（三重大学非常勤講師）

２０２１年度介護報酬改定の柱として、「自立支援・重度化防止の取り組みの推進」が掲げられました。介護保険の「自立支援」（保険給付外し）の先行事例（モデル）となった、桑名市の「総合事業」の取り組みと6年を経過した桑名市の現在の状況について報告します。

地域生活応援会議をテコに「自立支援（卒業）」を推進

桑名市は、厚生労働省から出向した副市長を中心に、「地域包括ケアシステム」構築をめざし初年度（２０１５年4月）から「総合事業」への移行を行いました。

サービスを利用しようとする軽度の被保険者に対し、「介護保険を『卒業』して地域活動にデビューする」を標語に、「自立支援」への取り組みを開始しました。

その中心となったのが、地域ケア会議の一類型である「地域生活応援会議」（以下、「応援会議」）です。

「応援会議」は毎週水曜日に開催され、要支援及び基本チェックリストにより事業対象となった方のプランを作成したケアマネとサービス担当者に対し、行政・地域包括支援センター職員、理学療法士、管理栄養士、薬剤師会の役員等、約40名が介護保険からの「卒業」へ向けた「助言」を行いま

図2-8　【参考】介護予防に資するケアマネジメントの事例のイメージ

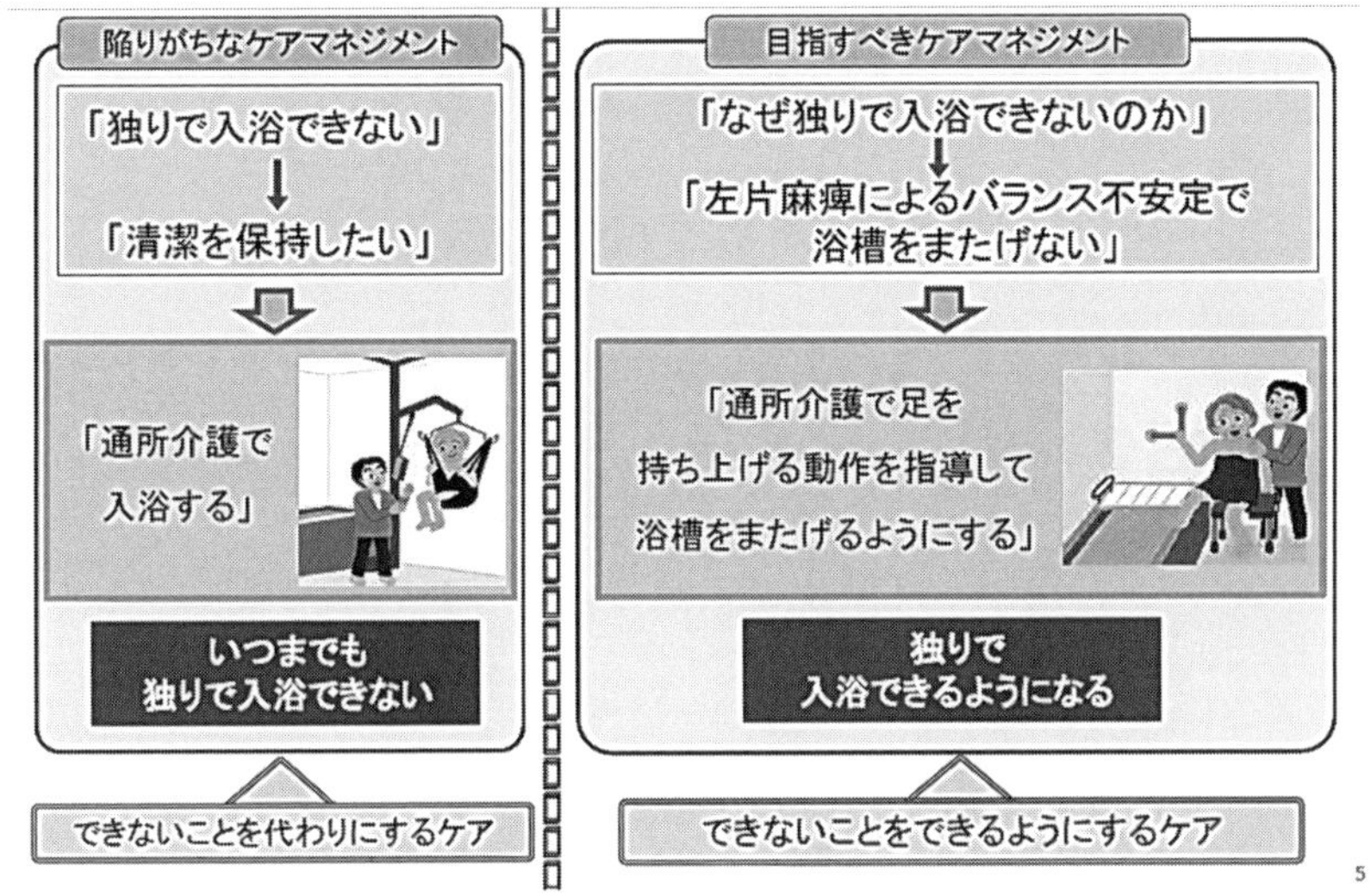
陥りがちなケアマネジメント
「独りで入浴できない」
「清潔を保持したい」
「通所介護で
入浴する」
いつまでも
独りで入浴できない
できないことを代わりにするケア
目指すべきケアマネジメント
「なぜ独りで入浴できないのか」
「左片麻痺によるバランス不安定で
浴槽をまたげない」
「通所介護で足を
持ち上げる動作を指導して
浴槽をまたげるようにする」
独りで
入浴できるようになる
できないことをできるようにするケア
5

す。

そのモデルとしての内容が、桑名市のホームページに掲載されています（図2－8）。その代表例として、例えば「陥りがちなケアマネジメント」として、「一人で入浴できない」方が「清潔を保持したい」という場合、「通所介護で入浴する」ということを続ければ「いつまでも独りで入浴できない」となってしまいます。しかし、「目指すべきケアマネジメント」としては、「なぜ独りで入浴できないか」を問い、「左片麻痺によるバランス不安定で浴槽をまたげない」場合には、「通所介護で足を持ち上げる動作を指導して浴槽をまたげるようにする」、さらに訪問サービスで「自宅の浴槽をまたげる訓練をする」、こうしたケアマネジメントが必要だというものです。いわゆる「できないことを代わりにするケア」から「できないことをできるようにするケア」への転換を求めます。こうした取り組みを、桑名市は、原則3～6カ月の「くらしいきいき教室」という名

図2-9　ケアマネジメントの展開過程（桑名市の場合）

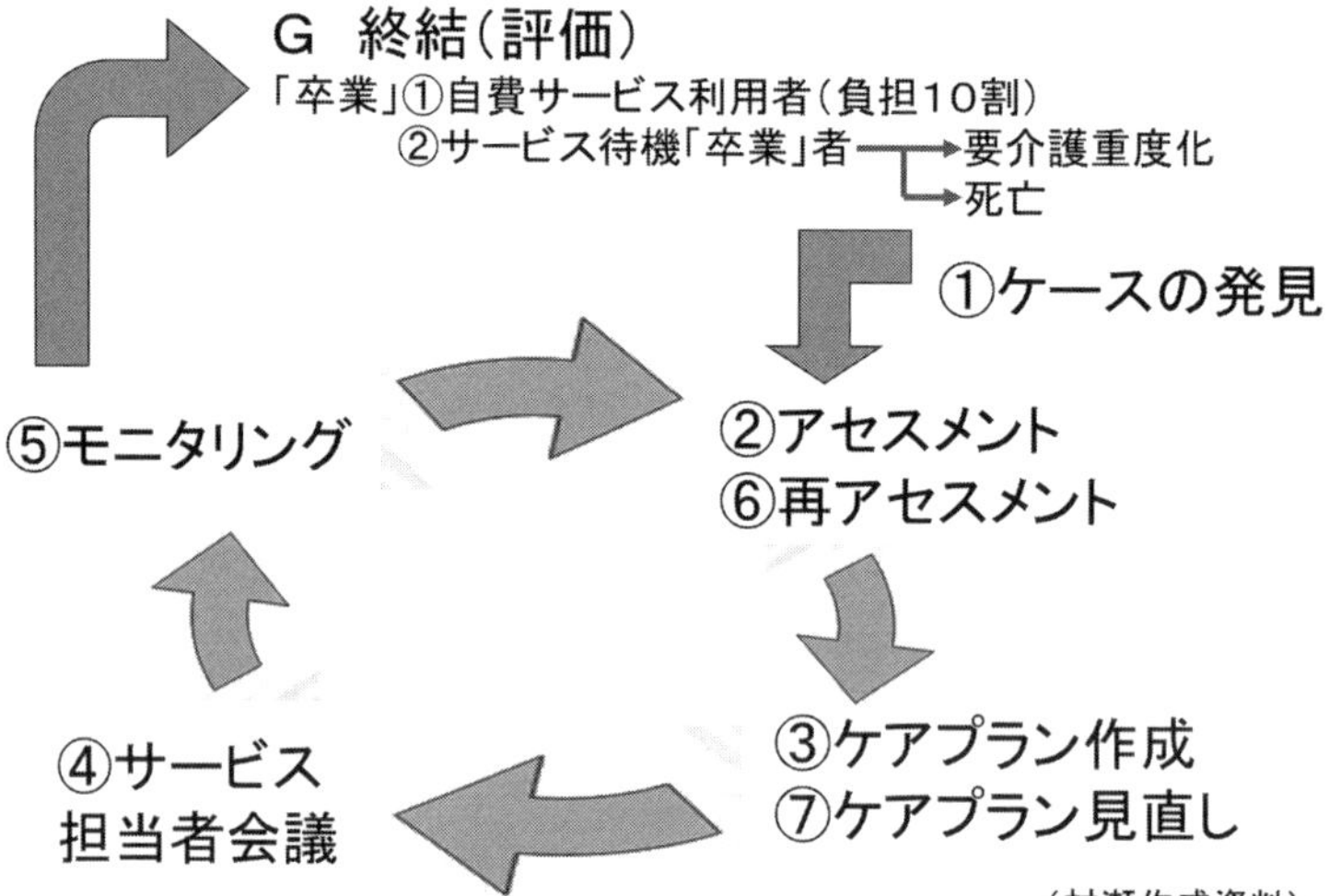

（村瀬作成資料）

称での、「サービスC（短期集中予防サービス）」をその中心に位置づけました。

常識外れの「卒業」前提プラン

確かに、こうしたケアマネジメントにより身体的に「自立」する方は、一定の割合で存在します。しかしこうした事例が有効な方は、「自立」への可逆性が可能な方（転倒で骨折した高齢者、廃用症候群の高齢者など）に限定されます。通所介護の役割は「利用者の社会的孤立感の解消」や「心身の機能の維持」、「利用者の家族の身体的及び精神的負担の軽減」を図ることなども大きな役割で、単に運動機能・生活機能の改善のみに限定されません。その方がなぜ「清潔の保持」「栄養の保持」が必要か、といった高齢者の置かれている生活状況（居住環境、家族状況、収入等）、あるいは本人の意欲といった環境・個人因子の把握を前提とした支援が必要です。「『自立』とは、介護が必要な状態になっても、

表2-10　「卒業」後の状況調査票（平成29年3月末日現在）
（桑名市　計）

「卒業」者の現在の状況	人数	割合%	備考
①自宅で元気に生活（下記の②～⑧の該当する場合を除く）	60	42.3	
②健康・ケア教室に参加	13	9.2	うち1名③も利用
③シルバーサロン、通いの場等に参加	9	6.3	うち1名⑤も利用
④上記以外のボランティア活動に参加	1	0.7	
⑤自費のサービス事業所に参加	13	9.2	
⑥介護保険サービスを受給（自立後、再度サービス受給された方に限る）	27	19.0	
⑦死亡	15	10.6	
⑧その他（　転居　　　　　　　　　）	4	2.8	
総計	142	100	

（注）「人数」欄へは、主たる状況に基づいて記入してください。（重複する場合は「備考」欄へ添え書きしてください。）

（村瀬作成：桑名市回答資料）

介護サービスを利用しながら、自分の持てる力（残存能力）を活用して、自分の意志で主体的に生活できること」（増田雅暢「逐条解説・介護保険法」）です。

桑名市が目指す「自立支援」は、介護度の「改善」だけが成果であるとの誤解に基づき、「維持」を正当に評価することを怠っています。一般に年齢を重ねる高齢者のケアマネジメントの展開過程は、「①ケースの発見→②アセスメント→③ケアプラン作成→④サービス担当者会議におけるサービス決定→⑤モニタリング、そして⑥再アセスメント→⑦ケアプラン見直し」といった過程を循環するものです。「卒業」（終結）を前提とするプランは常識外れと言わざるを得ません（図2－9）。

さて、桑名市の「卒業からデビュー」を目標とした取り組みは成功しているのでしょうか。その結果について、「卒業後の状況」（2017年3

月末日：「総合事業開始後2年の時点」）を調査しました（表2-10）。

この表中、「⑤自費のサービス事業所に参加」9・2％――これは「負担と給付」の名のもとに導入された介護保険の原則を無視した「詐欺」、何のために長年保険料を納付してきたのかが根本的に問われます。「⑥介護保険サービスを受給（「自立」後、再度サービスを受給）」19・0％――このうち3分の2は要介護状態に重度化しています。「⑦死亡」10・6％――2年前に要支援状態であった方のうち1割以上が亡くなっているということ、元気に「卒業」されたはずの方の数値としてはかなり高い、と思います。

さらに、「①自宅で元気に生活している」42・3％の数値についても、「デビュー」につながらない理由を聞いた地域包括支援センター職員へのアンケート結果は、「行く手段がない」43・6％、「サービス回数が少ない」25・5％、「サービスが合わない」16・4％などとなっており、実態は「担い手」というより、むしろサービスを必要としている方であることが伺えます。つまり、本来サービスが必要とされている方が、「卒業」ということで介護保険のサービスから切り離されている、ということではないでしょうか。

桑名市は、こうして「くらしいきいき教室」から卒業し、6カ月間サービスを受けないで過ごした方には「元気アップ交付金」2000円を支給します。また、「卒業」にかかわった事業者にも1万8000円、ケアマネにも3000円を支給します。さらに、地域包括支援センター（桑名市は委託方式）にとって、「介護保険の『卒業』に至ることができたか」「くらしいきいき教室を重点的に活用しているか」が委託費を決定する基準の一つにもなりました。

こうした取り組みにより、要介護（支援）認定率は、取り組み前（２０１４年７月）の16・25％から13・88％（２０１８年７月）へと急激に低下しました。要支援１相当の方を中心に、桑名市の意向を付度したケアマネ・事業者の萎縮、自己規制が認定率を押し下げた結果です。

「卒業件数」を目標に設定

この取り組みを後押ししたのが、「応援会議」の評価指標として「卒業件数」を設定したこと、その数値を上げることを目標としたことです。２０１７年度の介護保険法一部改正により、全国の自治体に対し「自立支援」に関する取り組みに「財政的インセンティブ」が付与され、交付金（保険者機能強化推進交付金）の交付が行われることになりましたが、その評価指標の主要な部分について桑名市の取り組みがモデルになったわけです。

住民主体の「互助」サービスに過重負担

桑名市はその後、訪問・通所型サービスの「従来型の相当サービス」を廃止し、住民主体の「サービスＢ」への移行を進める方針を打ち出しました。しかし、介護事業所等からの廃止反対の声や住民団体「介護をよくする桑名の会」の反対運動があり、方針は撤回されました。

桑名市には当初から、「総合事業」の「緩和型（Ａ）サービス」が設けられておらず、要支援者等に対しては出来る限り２つの「サービスＢ」（「健康ケア教室」と「シルバーサロン」）で支えるとの考え方でした。そのため、「従来型の相当サービス」が存続したとはいえ、「互助」を基本とした「サービス

B」に過重な負担がかかっていると思います。

「健康ケア教室」は、医療機関や介護事業所が地域交流スペース等を活用し、一定の研修を受けたボランティアと協力しながらサービスを提供するものです。

送迎の負担や認知症高齢者への対応等、実際には介護の職員がかかわらざるを得ない場合も多く、安価な市補助金（5000円／回：月4回まで、利用者負担500円／回）のもとで事業所は過重な負担を強いられています。

「シルバーサロン」は、住民主体のサービスですが、助成要件として「要支援者等3割以上の受け入れ」「移動支援の実施努力」「サポータ養成講座の受講」「運動と認知症予防内容の毎回実施」などがあり、住民主体とはいうものの過重な統制・負担を指摘する声が自治会役員・民生委員等から上がっています。

「自立支援」をめざした取り組みの今

最後に「自立支援」の取り組みについての実績・現状を桑名市の資料から見てみます。

「卒業」件数については、最新の資料（2019年2月～2020年1月）では、1年間に「卒業」した方（66名）の1年後の状況は「介護保険サービスを利用している方」25・8%、「自費サービスを利用した方」4・5%、「死亡」7・6%となっており、先の調査結果と大きな変化はありません。

「元気アップ交付金」の支給人数は、2018年度21人、2019年度も21人となっており、「くらしいきいき教室」利用者数の2018年度432人、2019年度537人と比較した場合、統計上の期間のズレは考慮する必要がありますが、「自立」に成功しているとはとても言えない状況です。

また市は、アウトカム評価として「要支援・要介護度の改善度」を指標として発表しています。これによると、２０１４年度と２０１５年度との比較では改善率14・１％でしたが、２０１６年度から２０１７年度では10・６％、最新の２０１８年度から２０１９年度では９・４％に低下しています。

要介護（支援）認定率は、２０２０年５月の時点で13・６％となっており、横ばい傾向が続いています。高齢化が進行し、とりわけ介護が必要となる「後期高齢者」が増加する中で、要介護（支援）認定率を低下させる（改善度を高める）取り組みは元々無理があり、当然の結果と言えます。

このように、国がモデルとしてきた桑名市の「自立支援」の取り組みは、いくつかの指標で見ると矛盾・破綻が表面化していると考えます。

桑名市でも現場からの強い反発の声を受け、必ずしも「卒業」を前提としないなどの「応援会議」の扱いの部分的見直しが行われました。例えば、①「応援会議」は原則２回目までで終了し、従来型の相当サービスの継続を容認する、②評価指標を「卒業件数」から「会議に出席した居宅介護支援事業所の数」に変更した、③「応援会議」の「助言者」を10名程度に縮小した、などです。

しかし、国のインセンティブ交付金が導入され全国展開される中で、①「応援会議」の対象者を要介護の認定者に広げること、②通所型サービスの利用を希望する場合には、『くらしいきいき教室』の利用を原則とする」（第８期介護保険事業計画）として、「自立支援」に固執しさらに進める姿勢を変えていません。そして２０２１年度には、一度は撤回した「従来型の相当サービス」を、通所型については廃止し「サービスA型」に移行させました。

「自立支援」を進める国の政策～介護報酬改定、インセンティブ交付金

２０２１年度介護報酬改定では、「ＡＤＬを良好に維持・改善する事業者を高く評価する」として、「ＡＤＬ維持等加算」の単位数を10倍化し、対象を通所介護から特別養護老人ホームや介護付き有料老人ホーム等に拡大しました。また、大量の情報を収集・活用する「科学的介護」の取り組みを進めるとして、「科学的介護推進体制加算」も創設されました。

「インセンティブ交付金」に関しては、「自立支援・重度化防止に向けた保険者機能を強化する」ことを目的に、２０１８年度に始まった「保険者機能強化推進交付金」（２００億円）に加え、２０２０年度からは「介護保険保険者努力支援交付金」（２００億円）を追加創設し、予算を倍加させました。また、中でも交付金算定の評価指標の中核となるアウトカム指標（取り組みの効果・成果を表す指標）である「要介護状態の維持・改善の状況等」（市町村分）の配点は、年々高い配点となっています。２０１８年度の20点から、２０１９年度は60点と3倍となり、２０１９年度は１２０点と「自立支援・重度化防止」に向けた国の評価（市町村の競争による統制の強化）姿勢が露骨に示されています。

介護の現場が、高齢者の尊厳を大切にした手間のかかる介護を敬遠し、「見える化」しやすい運動機能・生活機能の改善に特化し、ケアが高齢者を置き去りに営利化の方向に向かってしまうのではないかと強く危惧します。

第3章　当事者、介護現場にとっての自立支援

第1節　さまざまな「自立生活」とその支援、障害者分野における「自立」

僕にとっての「自立生活」

井上吉郎

僕は「二つの人生」を生きてきました。一つ目の人生を「生き」ました。二つ目のそれはいま現在で、「生き抜いて」います。一つ目の人生は、61歳が目の前だった「非障害者」としてのそれです。二つ目の人生は、2006年8月12日以降の、「障害者」としての今までです。2006年8月12日、僕は脳幹梗塞で倒れ、生死の境をさまよったそうです。以降、カラダに障害が残りました。障害者になって、変わったこともありますし、変わりのないこともありますが、大きく変わったのは、「依存してこそ自立生活が送れる」ということです。

井上吉郎さん

「非障害者」としての道

僕は1945（昭和20）年8月18日、京都市上京区にある産

院で生まれました。姉14歳、長兄12歳、次兄11歳、父43歳、母38歳が家族でした。1943年、44年の「京都五山の送り火」が燈火管制を理由に中止になるなど、「1億総動員」体制の下、戦争が「銃後」の庶民生活を直撃しました。女学校の教員だった父は、生徒を引き連れて軍需工場に出向いていました。「朕ハ帝國政府ヲシテ米英支蘇四國ニ對シ其ノ共同宣言（ポツダム宣言／筆者注）ヲ受諾スル旨通告セシメタリ」との「終戦の詔勅」をラジオで聞いて、母は産院に入りました。長じてから、京都盆地が原爆攻撃の目標地であったことを知って、自分の運命の不思議さに驚いたことがあります。

いまでこそ、「憎まれっ子世にはばかる」状態ですが、生を受けた当時は「玉のような男の子誕生」で近在の人がこぞって喜んでくれたそうです。「敗戦」の報に打ちひしがれていた人々にとって、僕の誕生は「希望」だったのでしょう。以来61年弱、僕は「非障害者」の道を歩みました。

「障害者」としての生

脳幹梗塞で倒れて以降、僕は「障害者」としての生を生き抜いてきました。この間は、京都（2か所）、岡山、大阪、京都（2か所）の6病院であわせて16カ月の入院生活を送った前半と在宅生活の今につながる後半に分けられます。

大きく変わったのは「社会」との関係です。入院生活中は「見舞客」を待つだけでした。「見舞客」が去ると、病室とベッドがマイワールドであり「受け身」の生活でした。「自立」とは程遠く、「生き抜く」ことがすべてでした。

「援助」を得て「自立生活」を送る

しかしながら、在宅の暮らしはそれとは違って、「社会生活」があり、「自立生活」がありました。人の「援助」を得て「自立生活」を送り、自分の側から「社会」に働きかけることもできます（たとえば、毎週月曜日あさの無言宣伝）。映画や絵画が観られますし、研修会にも出向け、デモも集会もできます。

右半身がマヒをしていて車いすが手放せないこと、カニューレが喉にあって文字盤で意思を表わしていたこと（入院後3カ月間）、右耳が聞こえないこと、右目がドライアイ状態であること、嚥下障害で胃ろうをつくり、経腸栄養補給剤（商品名／タイムライン）を注入していること、言語障害があること、顔が歪んでいること、右手が不随意運動すること、そうした状態は、脳幹梗塞の後遺症です。確かに制約が多く、「不便」ではあります。しかし、その「不便」は、人の援助で乗り越えることができます。「援助」があってこその「自立」です。

既述したように、「非障害者」の61年弱と「障害者」の今の暮らしには質的な差がある分野とない分野があります。学び、働き、人と社会に働きかけ、恋し、美しきものを愛で、異議申し立てをする…。しかしながら、「障害」を原因とし、「障害」に起因する、「危険」「困難」「不便」「不自由」は多くあります。というより、今の社会は「障壁」「バリアー」だらけです。誰をも排除しない社会こそが求められています。

僕の日常は人の援助なしには成り立ちません。援助を受けることで「自立」した暮らしが営めます。連れ合い、訪問看護師、ＰＴ、ＳＴ、往診医師、鍼灸師、外出支援のヘルパーなどの援助があるからこそ暮らしが成り立ちます。「依存することで自立できる」というのが僕の実感です。

脳幹梗塞の後遺症と「自立」

脳幹梗塞の後遺症を持つ僕の障害を整理して紹介します。

❶右半身がマヒしている。だから外出時には車いすが手放せない。❷嚥下障害で飲食が限られ、胃ろうを装着している。胃ろう経由で、栄養剤と薬を入れてもらっている。飲み物はストローで飲んでいる。つまり、経口では、「食事」出来ないということです。❸利き手だった右腕が不随意運動をする。スプーンがもてないし文字も書けない。❹言語障害がある。❺右耳が聞こえない。❻右目の視力が衰え、視野狭窄がある。これらは機能障害ゆえ、介助が必要です。

これらの「機能障害」とは、「リハビリ」と「援助」で向き合います。「援助」の大半は、専門家から教わったことです。あるいは、現在進行形の「援助」です。「依存」「援助」があってこその「自立生活」です。

私の想い

浅田達雄（岡山肢体障害者の会事務局長）

「自立とは？」と聞かれると、「自分の日常生活を、自分の意思・決定で組み立て、地域社会の中で暮らすこと」と答えるでしょう。例えば、入所施設内でも、地域社会とかかわることはできますが、施設管理の上で行われることで、個々の自由は、かなり制限されると思います。

私は、学校を卒業後、初めに、機能訓練施設、次に、授産施設に入所して、流れ作業をしていましたが、作業について行けず、辞めることになりました。

しばらく、実家にいましたが、家族に負担をかけてしまうと思って、自分で療護施設に入所しましたが、地域で暮らしてみたいという気持ちが強くなり、学生ボランティアの手を借りながら、私と友達の2人で共同生活を始め、自立への第一歩を踏み出しました。

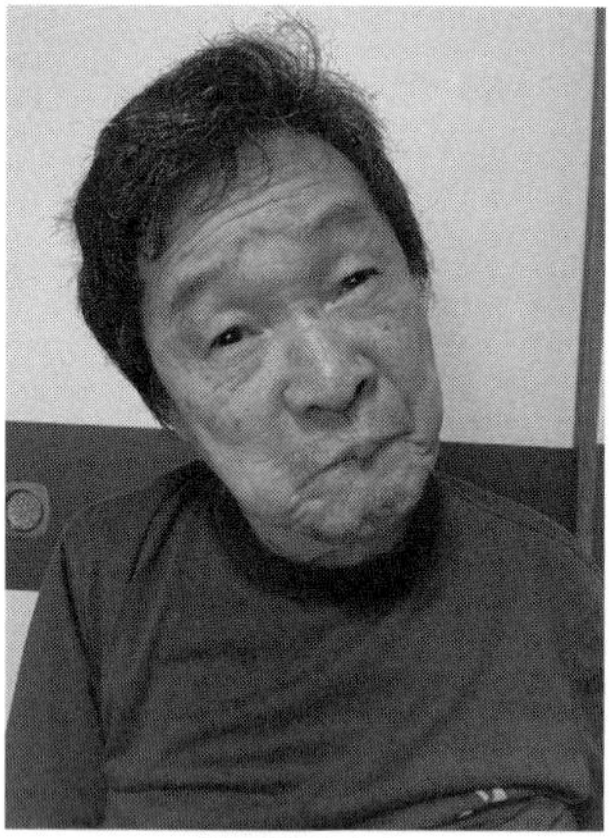

浅田達夫さん

1年半ほど経ったある日、親友から「あの人と一緒にいたら、お前がだめになるぞ。一人暮らししろ。」と言われて一人暮らしをするように決心したところ、なかなか家主の理解も得られませんでした。やっと理解のある不動産会社を見つけて古いアパートを借りられるようになり、一人暮らしをするようになってからしばらく経ったある日、友人から突然「運転免許に挑戦してみろ。」と言われて適性検査を受けてみると、合格して家族にいうと大反対されましたが、免許証を手にして帰郷すると、大反対だったのに喜んでくれました。免許を取得したために行動範囲も広がって一般会社にも入社でき、障害者運動にも積極的に参加することができるようになりました。

ようやく、自分のペースで仕事ができると喜んだのも束の間、2006年に障害者自立支援法ができ、障害者サービスに1割の応益負担が導入されることになりました。「仲間たちが作業所で働いているのに、なぜ利用料を払わなければならないのだ！」と、仲間たち共に怒りに震えて自立支援法違憲訴訟に岡山からも先輩が原告として立ち、応援をしました。国と原告団が交わした「基本合意」には、介護保険優先原則の廃止も入っており、65歳問題で闘いを決意したときも、「この基本合意を国に守らせなければ！何のための違憲訴訟だったのか。」という強い思いもありました。

私は、65歳になる前に介護保険申請をしませんでした。理由は1割の応益負担が生活を圧迫すること。また、介護保険では今受けているサービス水準が維持できない、という強い不安からでした。そうしたら、市から誕生日の2日前に「福祉サービス不支給決定通知書」が届きました。これからどうして生きればいいのか、わからなくなって半狂乱に陥りました。

岡山市を提訴しようという気持ちにしてくれたのは、自立支援法違憲訴訟で勝ち取った基本合意と恩師・親友から「闘う気持ちがあるならば、応援はどこまでもしてやる。」と言う一言でした。時には、裁判を止めようとなげやりになることもあり、気持ちが不安になりイライラして、ヘルパーさんたちにも当ることもありました。ある日、ヘルパーさんから「もう、我慢なんかせんでもいい。私たちも気持ちがよくわかる。共に頑張ろう。」と言って思い切りハグをしてもらって一緒に泣きました。何故か、気持ちも楽になって「ここで裁判を止めてしまったら、応援してくれている仲間に対しての信頼を裏切り、私のためであってもみんなの役に立てればと思って訴訟を決意したのに……」と初心に返って思い直して歯を食いしばってがんばり抜いた6年間でした。

地裁でも高裁でも全面的な勝利判決が下って、私がしてきたことが間違っていなかったと自信がつきました。

「浅田さんにこれ以上苦労をさせないために最高裁に控訴しない」と、市議議会最終日の冒頭に市長表明がありました。それで、私自身に対する謝罪はしなくてもいいという態度です。願っていることは、岡山市長の「介護等の不支給処分」が判決で裁量権の逸脱として違法な処分をしたという判決に従って、私を6年間も苦しめられたことついて謝罪をしてもらい、二度と私のように苦しめることをしないように65歳になる人には、障害者総合支援法と介護保険とを本人自身で選択できるようにしてほしいことと、いくら障害が重くても安心して暮らせる市政になることを、約束してほしいと今も強く思っています。

地裁も高裁も勝利判決が下りましたが、私自身の介護支援は介護保険に上乗せした福祉サービス併給です。福祉サービスだけの介護支援が足りない状態は裁判終了後も全く変わっていません。これは介護保険を一度申請すると介護保険をやめることができず、福祉サービスだけの介護にできていません。介護保険の次回更新時には、介護保険の更新をせず福祉サービスだけにしたいと思っています大阪をはじめ、宮崎などでは65歳になっても福祉サービスのみでいけるようになったという話を聞くたびにうれしくなります。２０２０年9月には、岡山市でも視覚障害の方が「私は今までのように福祉サービスで行きたいです」と言ったら、行政マンが「介護保険優先原則があるから仕方がないのです」と言ってきたので、「浅田訴訟の勝訴を伝える」と、態度が、がらり変わって「身体状態が悪くなるまでは、福祉サービスで、1年更新で行けるようにします」と変更することができましたが、これっておかしいとは思いませんか。身体が悪くなると、介護保険も使わないといけないなんて理解できません。

いろいろな困難を抱えている人達に優しい市政となるように、仲間や支援してくださる方々、団体と共に頑張っていきますので、お力添えどうぞよろしくお願いいたします。

自分の人生を楽しむために

そねともこ

介護の負担を分散する

私が筋委縮性側索硬化症（ALS:AmyotroPhic lateral sclerosis）と診断を受けたのは、２０１６年10月でした。

重たいものが持てなくなった、鍵がまわせない、つまずきやすいなどの異変から始まりました。現在は人工呼吸器24時間装着、手足はほとんど動かないので全介助が必要です。幸い、話すことは進行が遅く、コミュニケーションは比較的スムーズにできます。また、むせることもありますが、柔らかなものであれば食べることができます。同居人は、猫２匹と夫だけ。当初、介護はどうしても家族、とくに夫に集中しました。その負担を分散し、社会資源を活用するというのは当初から考えていました。「自立」という言葉を意識したことはほとんどありませんが、私が私らしく生活していくには、たくさんの人のサポートがなければ不可能です。制度を活用し、手助けの力を増やしていくことが、私の生活の自由を保障することでした。

制度のカギは自治体が

難病患者も家族も、さまざまな制度にささえられていますが、制度の手綱を握っているのは自治体です。診断直後に介護保険を申請し、要介護2からスタートしましたが、進行が早く、すぐに要介護5になりました。しかしフル活用しても細切れでしか利用できない介護保険では、家族介護が中心にならざるをえませんでした。

夫は仕事があり、このままではお互いが不幸になる。介護保険の限界を感じ、診断から1年後の2017年11月に障害福祉サービスを申請しました。重度訪問介護という制度を使えば、長時間の見守りが可能です。しかし自治体の当初の回答は利用時間をもらえず、交渉を続けてようやく2018年1月末、最重度の支援区分6、月207時間の重度訪問介護の支給決定が届きました。驚くことにわが自治体では、私が介護保険との併用第1号。これまで介護が必要な人に制度が活用されていなかったことに愕然としました。

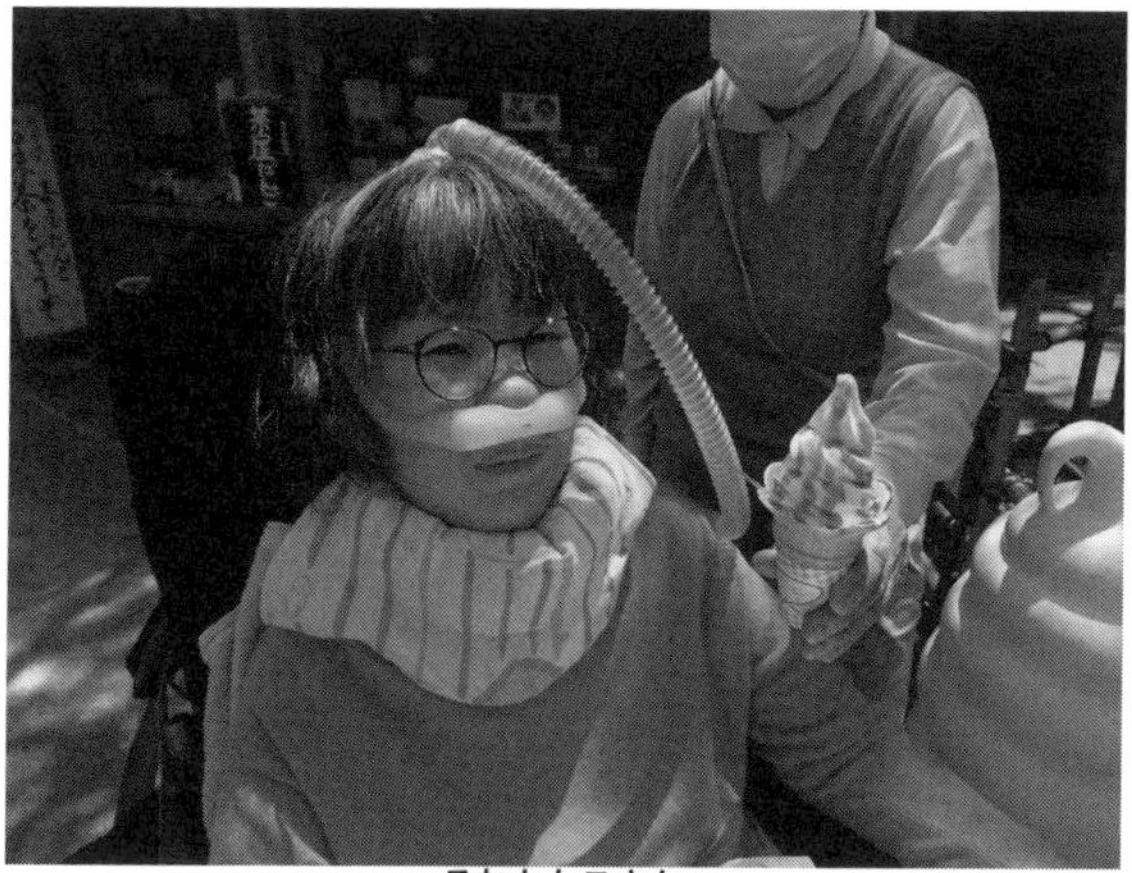
そねともこさん

やっと家族介護の軽減ができると安堵したのも束の間……どの事業所もヘルパー不足が蔓延していて、長時間にわたる重度訪問介護を提供できる事業所を探すのに1カ月もかかりました。さらに私たちを待ち受けていたのは、制度のことさえ知らない自治体担当者の無理解と人権感覚の欠如。こんなことにエネルギーをかけたくはなかったのですが、尊厳をかけたたたかいをせざるをえませんでした。

重度訪問介護を利用し始めた2018年3月。病気の進行により介助者1人でできていた移乗や外出などが困難になりはじめ、家族とヘルパーさん2人体制でやりくりしての移乗介助となっていました。すぐにヘルパーさん2人介助の申請をしたのですが、自治体からは、どちらも「1人でできるように考えてください」と認められませんでした。

さまざまな制度を申請するということは、私や家族が生き生きと人間らしく暮らすための助けがほしいという声なのですが、行政には届きません。その後、ケアマネさんと作戦を練り直し、主治医や保健師さんのお力を借りて再度申請。ようやく移乗時30分のみ2人介助、月288時間まで認められました。

「オムツを使わないのはわがままなんじゃないですか?」。これも、自治体職員から発せられた言葉でした。2人介助の申請時、ケアマネさんが担当職員との交渉中に、言われたのです。リフトを使い、トイレや車椅子に移乗している私。オムツを使えば移動はいらない、2人介助は不要というわけです(そのぶん自治体の財政負担も減る)。手助けがあればポータブルトイレで排泄できるのに、なぜこれがわがままなのでしょうか。

あたりまえの生活を送ること

そんな紆余曲折はありましたが、2019年に入り、重度訪問介護の支給時間も増えました(現在は月に842時間まで可能)。泊まりで入ってくれる訪問介護事業所と契約できたこともあり、夫の介護負担は以前と比べれば減り、仕事との両立もなんとかできています。私の病状もゆるやかに進行はしていますが安定。サポートがあることで、心も前向きでいられ、精神的自立につながっています。

また、一日一日の生活そのものが現状維持のためのリハビリだと感じています。移乗はいつも真剣勝負（事故のリスクがある）。訪問入浴、リハビリ、ヘルパーさんとのなにげない会話、コープの個配注文。さまざまなサポートがあって、スマホを使ったり、外出したり、あたりまえの生活を送ることができます。一日中ベッドで横になっていたら、進行も今より進んでいたかもしれません。

趣味の旅を一緒に楽しむ仲間や家族、支援者の存在も大きいです。自分の大切にしていたことをあきらめることは、自己喪失につながり、生きる意欲を減退させてしまいます。また生活が安定しているからこそ、非日常の旅を楽しめ、「よし次も！」につながっていきます。コロナで旅に行きにくくなりましたが、落ち着いたらまた旅行計画をたてたいです。制度とたくさんの人に支えられながら、これからも自分の人生を楽しみます。

【追記】

夫の長久啓太です。残念ですが、本書の完成をみることかなわず、8月26日に曽根朋子が永眠しました。最後まで移乗にはこだわっていて、ヘルパーさんの支えで亡くなる1週間前まで、ポータブルトイレや車椅子への移乗をしていた生活でした。曽根が人間らしい生活をあきらめず、ときに闘い、社会資源をフル活用しながら生き抜いた姿は、支援した多くの人の心に刻まれています。

２０２１年9月2日

第2節 「90歳以上高齢者こころのアンケート」から見えてきたもの

寺内順子（大阪社会保障推進協議会）

大阪社保協「自立支援介護」問題研究会で1年以上をかけて「自立支援」とは何かについて考えてきました。そうした議論の中で、「自立支援、自立支援って言うけど介護保険を使っている当のご本人はどう思っておられるんだろうか？」「そもそも、90歳以上の高齢者のみなさんはどんな風に思って毎日を生きておられるのだろうか？」という疑問が。「それなら、90歳以上の介護保険利用者のみなさんに一番信頼されているケアマネさんが聞き取りをしてみたらどうだろうか。」とアンケート項目についても検討し、ケアマネさんにご協力いただき、アンケートを実施しました。（２０１９年11月～12月に実施）

アンケート内容は以下です。

■概要

41人の90歳以上高齢者からご回答をいただき、性別は男性10人（24％）、女性31人（76％）、最高年齢は１００歳、おひとり以外は居宅で暮らす方でした。

表3-1

「90歳のこころについて考える」アンケート　質問項目

年齢　　　　歳　　　男　・　女
介護度　　非該当　　要支援1　　要支援2
要介護1　要介護2　要介護3　要介護4　要介護5
居住形態　居宅：戸建て・マンション・公営住宅・その他（　　　　）
施設：特別養護老人ホーム・介護老人保健施設・サービス付き高齢者住宅
・その他（　　　　　　　　　　　　　　）
同居家族
利用しているサービス
1、ご自分の日常生活に満足していますか？
はい　・　いいえ（あれば理由　　　　　　　　　）
2、普段親しくしている家族、友人、仲間はどのくらいいますか？
①いない　　②家族　　③その他（　　　　　　　　）
3、日常的な楽しみは何ですか？
4、困っていることは何ですか？
5、やっておきたいことは何ですか？
6、今までで、一番こころに残っていることは何ですか?
7、一年後の自分はどうしていたいですか？
8、これからできるようになりたいことは何ですか？
9、その他なんでも自由にお話しください。
10、ケアマネージャーさんごくろうさまでした。聴き取りをしての感想を一言お願いします。

■使っている介護サービス

記入漏れも多々ありますが、通所介護14人（34％）、福祉用具10人（24％）、訪問介護９人（22％）、通所リハ５人（12％）、訪問看護４人（10％）、記入漏れ16人（39％）となっています。

■日常生活への満足度

「満足していない」５人（12％）に対して「満足している」が34人（83％）と圧倒的に多くなっています。

■親しくしている人

「家族」が33人（76％）と多いのですが、「友達」が13人（32％）で、中でも「デイの友達」という回答が多くありました。

■日常的な楽しみ

「テレビをみる」「食べること」というのが多く、そのほかにも「同居している子どもたちとの会話、テレビ、詩吟を歌ってみたりする」「外を歩いたり公園にいくこと」「料理を作ること、友人としゃべること」など。また、「デイに行ったら隣にだれが座るのか。今日のおかずは何か」「デイに行って塗り絵をすること」「デイケアで人とおしゃべりすること」「デイサービスでの入浴」など、デイサービス、デイケアに行くことが楽しみだと答える方が多く、通所系のサービスは高齢者の日々の楽しみなのだということがよくわかります。

■困っていること

「ない」という回答は殆どなく、非常に個々具体的な悩みが書かれており、「家事ができなくなった」「新聞を取りに行けない」「歩けないので自分で好きなようにできない。外にも一人で行けない」「膝をついて座れない」「一人歩きができない」などかつてできていたのに今できなくなっていることについての悩みが多く語られています。

■やっておきたいこと

これもまた個々具体的な要望が出ています。中でも「家の整理」「身辺整理」をしたいという要望が多くみられました。

■今までで一番心に残っていること

この質問では、その方の人生が垣間見られるような回答が多くあり、子ども時代や青春時代のこと、そして子どもに先立たれた悲しみを語る方が多くおられました。

■一年後の自分はどうしていたいか

実はこの設問は90歳代の高齢者のみなさんから回答が得られるだろうかと悩んだ設問でもありま

したが、予想以上に前向きな答えが多くありました。そして、「いまのままでいたい」「現状維持」「変わらずにいたい」という回答が19あり約半数に上ります。

■これからできるようになりたいこと

「スマホができるようになりたい」「自転車に乗りたい」「もっと歩けるようになりたい」「一人で外出できるようになりたい」「もっと楽しみたい。カラオケなどしたい」「元気に花植えをしたい」「一人歩きができれば好きなカメラ旅行がしたい」「勉強したい」など予想以上に前向きで積極的な回答を得ることができました。

■ケアマネさんからの感想

聞き取りをされたケアマネさんから感想をいただきました。あるケアマネさんが「これから先の事を聞いても前向きに話されている姿を見ることができ驚きと同時に独居での寂しさや不自由さを介護サービス等により補えているのだと感じました」と感想を書いておられていました。この言葉は今回の90歳の高齢者の心の特徴を表しているのではないかと思います。

90歳以上の高齢者のみなさんが今回のアンケートで教えてくださったことは、高齢者の多くは人生の最後の最後まで毎日を楽しみたいと考え、これから先にもやりたいことがあり、そして住み慣れた自宅でいままでどおり暮らしたいと思っているということがよくわかりました。

第4章　「自立支援介護」の転換を求める政策要求

日下部雅喜

「自立支援介護」は介護費用削減の切り札政策として、紆余曲折の中でさまざまな手直しをされながらも推進され、自治体の介護保険運営を歪め、介護現場にも影響を及ぼしつつあります。この「自立支援介護」を乗り越え、要介護者・要支援者に必要なサービスを保障し「尊厳」と「真の自立支援」をめざしていくために私たちはどうすればよいのでしょうか。

第1節　「切り札」でも特効薬でもない「自立支援介護」

1　「卒業」の内実

「自立支援介護」がめざす「自立」＝介護保険からの「卒業」の多くは、要支援者のケアマネジメントを行政が管理統制することによって、介護サービスを終了させていった結果です。また、要介護認定率が低下しているのは元気な高齢者が増えたというより、要介護認定申請をさせない「申請抑制」と、認定されてもサービスが利用できない「利用抑制」によって要支援認定の「価値」を低下させていったことによるものが多いのが実態です（第2章の埼玉県和光市、大分県、三重県桑名市、大阪府大東市の例を参照）。また、訪問調査を厳しくし、認定審査会での審査を厳しくすることによって、軽度判定に誘導していると考えられる自治体さえあります。

要介護・要支援状態になる原因はさまざまであり、日常生活動作（ＡＤＬ）や生活機能がどの程度維持・改善できるかは、年齢や疾病、経済的事情や家族関係、居住環境などの要素があり一概には言えません。それを「自立＝介護保険からの卒業」などと一般化・普遍化してしまうのは無謀です。

2　「卒業」できたのは10人に1人　実証実験結果

２０１９年2月に大阪府寝屋川市で「短期集中通所サービス」の効果を検証する実証実験の「報告会」が行われました。同意書を提出し短期集中サービス（利用料無料）に参加した分析対象者１８５人のうち「卒業」（予防給付サービスを利用しなくなった）できたのは20人で参加者の10・8％にとどまりました。理学療法士等が自宅を訪問し本人と面談の上、目標を設定、状態に合わせたプログラムを実施し毎回評価するという「充実」したサービスでも約9割は卒業はできなかったのです。（ただし、同実証実験の実施報告者は、短期集中サービスに参加しなかった１７８人の中の卒業者は１人だから「効果」は19・3倍だと強調しており、一定の条件のある人に限れば効果があったと言えます＝２０１９年2月5日、寝屋川市／医療経済研究・社会保険福祉協会 医療経済研究機構 共催「介護予防・日常生活支援総合事業（モデル事業）短期集中通所サービス報告会」資料、図４－１、４－２、表４－１）。

例え1割の人数でもリハビリ専門職の丁寧な個別的かかわりによって、利用者の状態が改善し「社会参加」が実現できたこと自体は大きく評価すべきであり、改善可能な対象者の適切な把握とともに

図4-1　平成31年2月5日寝屋川市介護予防・日常生活支援総合事業（モデル事業）報告会資料短期集中通所サービス報告会資料（抜粋）

寝屋川市 通所型短期集中モデル事業 概要

目的	通所型サービス（短期集中）の効果を検証し、その結果を反映した介護予防・日常生活支援総合事業を実施することで高齢者の介護予防・自立支援の促進につなげる
期間・概要	① 2~ 4月頃　：サービス提供準備（訪問アセスメント、測定、ケア会議） ② 4~ 8月頃　：サービス提供（調査対象のうち介入群211人） ③ 11月頃　：サービス終了3か月後測定 ④ 12月末　：研究結果の報告書完成
調査対象者数	要支援者421人（A群・介入群211人、B群・対象群210人）
実施主体等	【研究代表者】 一般財団法人医療経済研究・社会保険福祉協会医療経済研究機構 研究総務部次長　服部 真治 【協力機関】 千葉大学 予防医学センター社会予防医学研究部門 近藤教授 成城大学 大学院経済学研究科 河口教授 大阪大学 大学院医学系研究科 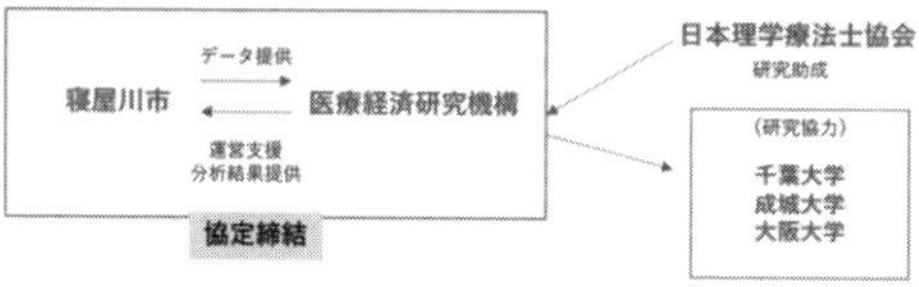

図4-2　平成31年2月5日寝屋川市介護予防・日常生活支援総合事業（モデル事業）報告会資料短期集中通所サービス報告会資料（抜粋）

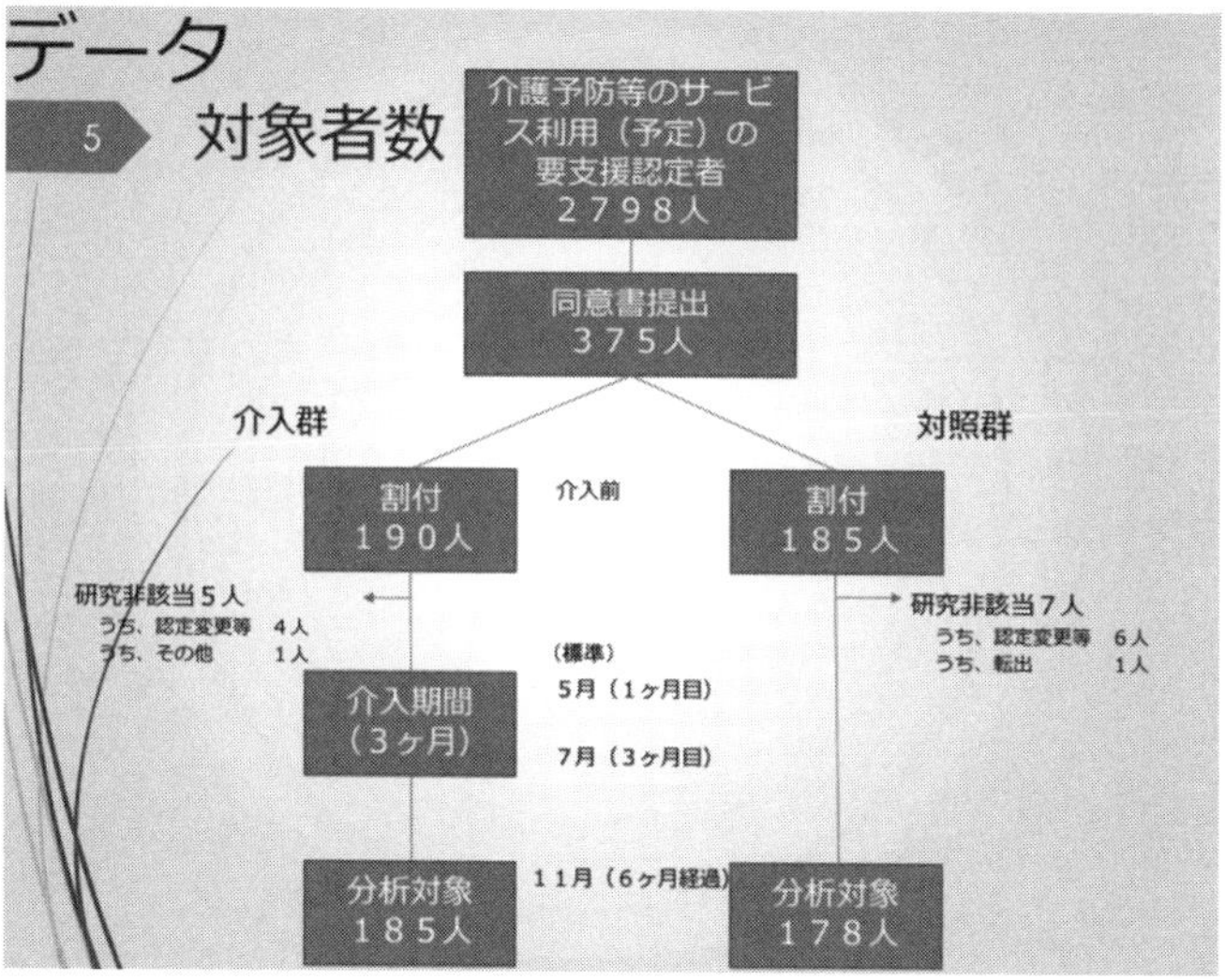

出所：寝屋川市福祉部高齢介護室 短期集中通所サービス報告会（平成31年2月5日）

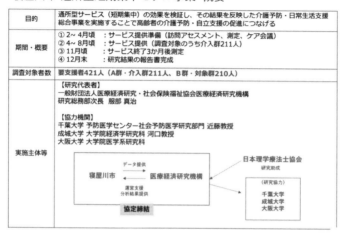

表4-1　平成31年2月5日寝屋川市介護予防・日常生活支援総合事業（モデル事業）短期集中通所サービス報告会資料（抜粋）

短期集中通所サービス

（特徴）

・理学療法士等が全般的に関与

・参加者全員のご自宅を理学療法士等が訪問し面談

・本人と目標設定の面談

・一人一人の目標と状態像に合わせたプログラム

・毎日、少しの面談（自分の振り返り、助言もらう）

・社会参加に向けた最後の面談

・サービスに終わりがある。13回（週1回ずつ）

分析結果

	対象者数	介入後の結果	
		給付実績なし（予防給付より卒業）	給付実績あり
合計 [人、(%)]	363 (100.00)	21 (5,79)	342 (94.21)
介入群 [人、(%)]	185 (100.00)	20 (10.81)	165 (89.19)
対照群 [人、(%)]	178 (100.00)	1 (0.56)	177 (99.44)

出所：寝屋川市福祉部高齢介護室 短期集中通所サービス報告会（平成31年2月5日）より抜粋して作成

にリハビリ職の訪問や短期集中サービス等を適切に実施することは必要です。

しかし、10人に1人程度しか「卒業」に結びつかないものをすべての高齢者に当てはまるかのように描き出し、「自立支援介護」と称して、総合事業や介護保険の目標にするのは「無理筋」というものです。また短期集中サービスなどによって回復し、サービスの利用がなくなっても経年的に老化は進行し様々な疾病、負傷等のリスクもあり、再び要支援・要介護状態に戻ることも

表4-2　総合事業の介護予防・生活支援サービス種類

改定前
予防給付 介護予防訪問介護 介護予防通所介護 （全国一律の基準に基づく指定事業者）

従来相当の単価		
サービス種類例	担い手	単価
①従来の介護予防訪問介護・介護予防通所介護に相当するサービス（従前相当サービス）	従来の事業者	従来相当の単価
②緩和した基準による生活支援、ミニデイサービス（訪問型・通所型サービスA）	無資格者による提供可能	従来よりも低い単価
③ボランティアなどによる生活支援、通いの場（訪問型・通所型サービスB）	住民ボランティア	謝礼程度
④保健師やリハビリテーション専門職等が行う短期集中予防サービス（訪問型・通所型サービスC）	専門職	

出所：厚生労働省老健局振興課 介護予防・日常生活支援総合事業ガイドライン（概要）をもとに作成

常にあることも念頭におくべきです。

3　総合事業の実施状況

総合事業（介護予防・日常生活支援総合事業）は2015年度から施行され3年間の移行期間を経て全市町村が移行したのは2017年度末でした。厚生労働省が描いた「一石三鳥」（「自立意欲の向上」、「介護予防」、「地域づくり」）は得られたのでしょうか。厚生労働省の調査研究事業の報告書から見てみます。

（1）低調な短期集中型サービスと住民主体型サービス

2019年6月時点で、従前相当サービスを実施している市町村は、訪問型で1619市町村（94・2％）、通所型で1618市町村（94・1％）で、大多数の市町村は従来のサービスを存続させています。一方で、「多様なサービス」では、サービスA（緩和型）を実施している市町村は、訪問型で860市町村（50・0%）、通所型で923市町村（53・7%）で半数程度にとどまっています。サービスB（住民主体型）実施市町村は訪問型266市町村（15・5%）、通所型243市町村（14・1%）と1割台に過ぎません。

利用者数で見ると、総合事業の訪問型サービス、通所型サービスの利用者の8割以上は従来と同じサービスである「従前相当型」のホームヘルプ・デイサービスを利用しています。厚生労働省が「多様なサービス」の目玉にした「B住民主体型」の利用者数は訪問型サービスで0・8%、通所型サービスで2・3%に過ぎません。また、「卒業」をめざす「C短期集中型」の利用者数は訪問型サービスで0・3%、通所型サービスで1・4%にとどまっています（表4-3、4-4）。

一部の突出した市町村は別として、全国的には短期集中サービスを通じた「卒業」や、住民の互助化（住民主体サービス）は低調であり、厚生労働省の

表4-3　訪問型サービスの利用者数

サービス類型	利用者数：人	構成比
従前相当型	274,625	81.1%
A緩和型	59,793	17.7%
B住民主体型	2,753	0.8%
C短期集中型	847	0.3%
D移動支援	485	0.1%
合計	338,503	100%

表4-4　通所型サービスの利用者数

サービス類型	利用者数：人	構成比
従前相当型	451,153	84.7%
A緩和型	62,122	11.7%
B住民主体型	12,022	2.3%
C短期集中型	7,660	1.4%
合計	532,957	100.0%

出所：株式会社エヌ・ティ・ティ・データ経営研究所 介護予防・日常生活支援総合事業及び生活支援体制整備事業の実施状況に関する調査研究事業報告書（2020年3月）

表4-5 「通いの場」の開催頻度別個所数

年度	週1回以上	月2回以上 4回未満	月1回以上 2回未満	未把握	合計
2015	20,336	15,354	30,304	4,140	70,134
2016	25,266	16,357	30,371	4,498	76,492
2017	33,461	20,097	33,976	3,525	91,059
2018	41,509	22,884	38,056	4,317	106,766
2019	51,032	28,134	44,895	4,707	128,768

出所：株式会社エヌ・ティ・ティ・データ経営研究所「介護予防・日常生活支援総合事業及び生活支援体制整備事業の実施状況に関する調査研究事業報告書」(2020年3月)

目論見どおり進んでいないことがわかります。

(2)「通いの場」は増えたが

厚生労働省は「介護予防に資する住民主体の通いの場」を地域の介護予防と互助の決め手として推進してきました。2015年度に全国で7万134カ所が2019年度には12万8768カ所へと5年間で1・8倍へと増えてきました（表4-5）。

参加実人数は、237万4726人に上るものの高齢者人口の6・7%で、週1回以上開催している通いの場の参加者実人数は、91万4844人と高齢者人口の2・6%です。また、女性が80・1%と大半であるなど偏りがあります。男性をはじめ孤立化しやすい高齢者に社会的交流の機会の提供・閉じこもり防止を住民の互助でどこまでできるか慎重な判断が必要です。また、「通いの場」の主な活動内容は「体操（運動）」は52・0%と半分程度で、「茶話会」18・8%、「趣味活動」17・8%などとなっています。このように「住民主体の通いの場」が地域の高齢者全体の「介護予防」にどこまで効果があるか不明であり過大評価はすべきでありません。

（3）新型コロナで浮彫りになったこと

2020年2月からの新型コロナウイルス感染症拡大は高齢者の外出や社会的活動に大きな制約をもたらし「通いの場」は大半が休止に追い込まれました。1年以上に及ぶ「自粛」生活は高齢者に閉じこもり、社会的孤立をもたらしフレイル（心身の活力の低下）や認知症の進行など心身に深刻な被害をもたらしています。デイサービスなど介護保険サービスや自治体の公的な介護予防や高齢者支援を縮小し、住民の「互助」である「つどいの場」に過度に依存する政策は見直しが迫られています。

第2節　自立＝「自分でできること」とする弊害

自立を「自分でできること」「介護が要らない状態」「介護保険からの卒業」だとし、それを支援するのが「自立支援」だという考え方は重大な弊害をもたらします。

自立概念の歪曲

第1に、「自立」の概念を著しく歪めることです。介護保険の目的は要介護高齢者の「尊厳の保持」と「能力に応じ自立した日常生活の支援」です（介護保険法第1条）。要介護高齢者が支援を受けながらも尊厳を保ちその人らしい生活を主体的に継続していくことが自立であり、自立は身体的自立だけでなく、精神的な自立、社会関係における自立、そのための経済的条件など複合的なものです。生活行為の一部を自分ですることができず介護サービスに依存し続けたとしても自分で決め、主体的に活動することはできます。「卒業」重視は、「自分ですること」に重点が置かれた身体的自立に偏重したものになってしまいます（「自立」概念の変質については第2章第2節参照）。

当事者の意向を軽視

第2に、そのような「自立」観は、利用者の気分感情や意向・希望よりも「専門職の判断」が優先され、利用者の選択の自由がないがしろにされることです。介護保険給付は要介護状態の軽減、悪化防止、介護予防に資するように行われなければならないという介護保険法第2条第2項だけを一面的に強調して「維持・改善」を押し付けることになります。日常生活の継続のための支援が軽視され、とくに「生活援助」は無資格者やボランティアでもできるサービスとして軽んじられています。

給付抑制と直結する危険性

第3に、「自立」が給付抑制と結びつけられることの危険性です。高齢化の進行によって増大する介護ニーズはより多くの介護費用と「介護人材」を必要とします。国と自治体はそれを確保する責任があります。ところが、介護予防を含む「自立支援介護」によって介護ニーズの抑制が可能とされてしまうと、そうした公的責任がおろそかにされ、要介護者を含む高齢者の「自立」・「予防」の自己努力＝自助、「つどいの場」など住民主体の支え合いと介護予防努力＝互助が優先されてしまいます。こうして介護関係者をはじめ住民に対しても「自立支援」推進を押し付け、誘導・動員されることになります。「地域包括ケア」が住民の支え合いで「できるだけ介護保険を使わない」ように仕向けられ、介護予防で要介護高齢者を減らすことのように説明されます。市町村の中には「自ら介護予防と心身の状態の維持改善に努めることは国民の義務だ」と介護保険法第4条の規定を振りかざして「介護予防努力」を迫るところさえあります。これに「介護保険を利用する人が増えると、使わない高齢者の介護保険料が上がる」などの説明が加わると、要介護状態になった人に対し「予防努力をしなかった」と非難するなど住民間の分断・対立になりかねません。

第3節　「自立支援介護」の呪縛から抜け出すための政策要求

1　「自立支援介護」で介護需要は抑制できない

「自立支援介護」で、本当に住民の介護ニーズが減るためには、地域の高齢化が進み80歳代後半から90歳以上の人が多くなっても要介護状態にならない、または、一度要介護状態になっても再び「元気」になるという人たちがかなりの割合に上らなければなりません。「個人」のレベルでは可能であったとしても地域全体、日本全体では不可能であると言わざるを得ません。

介護保険でいう「要介護状態」とは、加齢に伴って生じる心身の変化に起因する疾病等によって起きるものです（介護保険法第1条）。アンチエイジング（抗加齢と直訳できます）として、老化防止の食生活や生活習慣改善が推奨されてはいますが、老化は遅らせることはできても「不老不死」が不可能なように、老化そのものをなくしたり若返らせたりすることは現在の人類にはできません。人間は必ずいつか例外なく衰弱し、例外なく死んでいく存在です。

こうした自然の摂理を無視し、「自立支援介護」によって社会全体の介護費用を抑え込めるかのように説くのは科学的根拠のない空想的願望に過ぎません。医療分野でも、健康増進・予防医療によって医療費が抑制できるように説明されていますが、医療経済学者の多くは、高齢化の進行による医療費・介護費の増大を予防医療によって抑制することは「ほぼ不可能」で、寿命の延伸はむしろ医療費や介護費を増大させる可能性があるとされているくらいです。

2 国に対する政策要求──「自立支援介護」の呪縛から抜け出すために

国が自治体を巻き込みながら進める「自立支援介護」に対し、問題点を指摘するとともに、その政策のどこを変えるさせるべきかの政策要求をまとめてみました。

(1)「自立支援介護」に関する要求

①「自立」の理念について、「介護サービスが要らない状態」ではなく、「必要な介護サービスを利用しながら、その人らしく生活すること」を明確にすること
②各種研修等で「卒業」という言葉を使用しないこと
③一定回数以上の訪問介護を位置付けたケアプランの届出義務を廃止すること

(2)「科学的介護」等に関する要求

①2021年度介護報酬改定で導入した「科学的介護推進加算」は廃止すること。科学的介護情報システム(LIFE)は稼働を中止し、抜本的に見直すこと
②「ADL維持等加算」など自立支援・重度化防止にかかるアウトカム(成果)を要件とする加算について廃止し、見直すこと

(3)総合事業に関する要求

①総合事業(介護予防・日常生活支援総合事業)の「従前相当サービス」(ホームヘルプ・デイサービス)を保険給付(現行予防給付)に戻すこと
②介護予防・生活支援サービス事業の対象者を要介護者(要介護1~5)に広げる「弾力化」は撤回すること

③総合事業の「事業費上限額」を廃止すること

（4）自立支援・重度化防止の保険者機能強化に関する要求

①保険者を給付の抑制に駆り立て、競わせる保険者機能強化推進交付金、保険者努力支援交付金など財政的インセンティブ制度を廃止すること

②「調整交付金」を保険者機能強化推進の財政的インセンティブに活用しないこと

③介護給付費の削減を目的にした「適正化」事業を廃止すること

第5章　尊厳を守り本当の「自立」をめざす実践のために

第1節　「ケアマネジャーが考える〝自立支援〟」

石田美恵（ケアサポートセンター千住）

はじめに

２０１２年に「介護支援専門員の資質向上と今後のあり方に関する検討会」という有識者会議を厚労省が合計7回開催し、議論の中間的な整理をまとめました。私は、介護保険制度という制度の課題を検討するならわかるが何故、介護支援専門員の資質をわざわざ検討する会議が必要なのかわからず、7回の検討会を傍聴しました。冒頭から「自立支援型のケアマネジメントをどう推進するのか」という課題が出されました。そして中間整理では「利用者の尊厳の保持を旨とした自立支援を実現していくことが重要であり、そのためには介護支援専門員による適切なケアマネジメントは必要不可欠であり、その質の向上は不断に求められるものである」と記されています。じゃあ自立支援とは何なのか、ケアマネジメントの質とは何なのかは言及しきれず、アウトプットとして、要介護者の要介護度が軽くなればご褒美をあげる（インセンティブ）といった方向に走っていく羽目になったのは、ここでの議論の責任が大きいと思います。

生活が楽しいか

ある保険者の職員が、高齢者が楽しいと思えればいい、それが自立だと言ったとか…。なんて端的でわかりやすい表現でしょうか。年を取るとできなくなることが増え、感覚器は衰え、ご祝儀より香典袋が増え…そんな中で〝楽しい〟と思えることがあることは生きる力になりますね。そう考えるとケアマネジメントも難しくなく、にわかに頭が動き出すような気がします。

生活援助でも自立支援

介護保険制度の中で、訪問介護の「生活援助」というサービスの回数が異常に多いと財務省が指摘し、ひと月に利用する生活援助の回数の上限を国が設定しました。馬鹿らしいと思いましたが、規定回数を越えたプランはいくつかの書類を作成して保険者に提出しなければなりません。ほぼ同時期に老計10号という国が出す通知で、訪問介護の身体介護の解釈が変更になり、実際にお体に触らないケアでも、利用者のＡＤＬ・ＩＡＤＬ・ＱＯＬや意欲向上のために利用者と共に行う自立支援、重度化防止のためのサービスなら生活援助でなく、単価が高い身体介護として算定していいと明示されました。ここでも〝自立支援〟です。私が作成しているケアプランで生活援助の規程回数を超えているケースは、最終的に2ケースでした。それぞれの担当者会議で、この方の生活援助の内容が自立支援、重度化防止の観点からどうなのかと検討しました。1名の方は80歳代の女性で独居。認知症と癲癇、圧迫骨折の既往があり要介護3です。抗けいれん剤を長期に内服しており、時々緊張したりあせると両手が震えて細かな動作が全く出来なくなります。この方の生活援助は、食事作りや買い物、水分摂取や内服の促し等の内容です。実際のケアはお薬を一包化してあるのでその袋をお渡しするだけでなく、両手が震えて薬を出せないことも多く袋から薬を取り出し、手の上に薬を出してあげ、御本人が口の中に入れて飲み込むのを確認でした。このケアの内容は、薬を自分で飲むことの自立を支援していますが、手のひらにまで出してあげることが必要で身体介護にあたるだろうとの意見で、生活援助から身体介護に変更しました。

もう1名の方も80歳代の独居で、少し物忘れが出てきた要介護3の女性です。この方も担当者会議で生活援助の内容の検討をしました。同じように薬を飲むことの支援をしていますが、この方の場合はお薬カレンダーからヘルパーさんが一包化されたお薬を出して、テーブルの上に置くだけです。テーブルの上にある薬袋に本人が気づき、自分で今飲む薬だと認識し袋を取って飲むという動作をすることが、この方の自立であり薬を手渡ししたら自立ではなくなるという意見が出ました。だから身体介護ではなく生活援助のままでという結論になり、生活援助が規定回数を超えているプランなので、保険者から求められている書類を提出しました。

まとめ

この2ケースの経験から、支援の方法は個別的で、どんな方法をとればその方の自立支援になるのかがアセスメントであり、具体的な方法を考察するのが専門職の技術であり、その適正や評価を含め支援方法を検討するのが担当者会議であると痛感しました。

〝自立支援〟は決して手を離すことではありません。ちょっと手を携えれば、その方が自分できることと、自分でできたと思えることが増えて、生活が楽しいと高齢者が思えることが〝寄り添うこと〟でこれが社会保障制度である介護保険制度の真髄ではないでしょうか。

第2節　自立支援型地域ケア会議とケアマネジメントの変質

日下部雅喜

1　自立支援型地域ケア会議の現状

（1）「介護予防のための地域ケア個別会議」の実施状況

「地域ケア会議」は、２０１４年の介護保険法改正で市町村の努力義務とされ、市町村・地域包括支援センターが多職種協働による個別事例検討を行い①地域のネットワーク構築、②高齢者の自立支援に資するケアマネジメント支援、③地域課題の把握などを行う会議です。２０１６年度から要支援者等を対象に自立支援・介護予防の観点を踏まえた地域ケア個別会議（介護予防のための地域ケア個別会議）を全国に普及させてきました。厚生労働省の調査研究事業（「地域ケア会議に関する総合的なあり方検討のための調査研究事業報告書」令和2年3月）によると「介護予防のための地域ケア個別会議」は62・2%の市町村で実施されています（表5-1）。

会議の年間の実施回数は、半数以上の市町村では年間で12回未満となっており、のべ事例数でも年間13事例以上という市町村は56・0%であり、全体の4割程度は月に1事例未満となっています。多くの市町村で介護予防のための地域ケア個別会議は開始されているが、その会議の実施数、検討事例数はまだ限定的である市町村も少なくない状況です。しかし、「予防給付・総合事業サービスの提案を行う際の市町村独自基準」を作成している市町村は6・6%あり数は少ないですが、サー

表5-1　介護予防のための地域ケア個別会議実施状況

実施している	62.2%
実施を検討しているが、まだ実施していない	17.7%
実施していたが、中止(中断)している	1.1%
実施しておらず、実施に向けた検討も行っていない	12.8%
その他	3.3%
無回答	2.8%

出所：株式会社日本総合研究所「地域ケア会議に関する総合的なあり方検討のための調査研究事業報告書」(2020年3月)

表5-2　個別事例の検討等を行う地域ケア会議における個別事例の検討件数割合（個別事例の検討件数／受給者数）

評価指標区分	市町村数	市町村名
全保険者の上位1割	9	貝塚市、大東市、箕面市、柏原市、羽曳野市、藤井寺市、交野市、能勢町、太子町
全保険者の上位3割	6	河内長野市、島本町、豊能町、田尻町、河南町、千早赤阪村
全保険者の上位5割	8	泉大津市、寝屋川市、高石市、泉南市、大阪狭山市、守口市、門真市、四条畷市
全保険者の上位8割	14	大阪市、堺市、岸和田市、豊中市、池田市、吹田市、枚方市、茨木市、八尾市、富田林市、和泉市、阪南市、忠岡町、岬町
上記以外	6	高槻市、泉佐野市、松原市、摂津市、東大阪市、熊取町

出所：大阪府「2020 年度保険者機能強化推進交付金・介護保険保険者努力支援交付金に係る評価指標市町村別集計表」から作成

ビスの利用制限に結びついているところも一部にあります。

また、介護予防ケアマネジメントにおける「スキル向上」のための取り組みとしては、地域包括支援センター職員向けで57・8%、ケアマネジャー向けで44・3%と自立支援型ケアマネジメントの「教育」には広く活用されていることが分かります。

(2) 大阪府内における「自立支援型地域ケア会議」

大阪府内の市町村においても「個別事例の検討等を行う地域ケア会議」が全市町村で開催されています。個別事例検討件数を見ると、検討件数割合（受給者数に占める検討件数の割合）が全国の上位1割に入っているのが9市町（貝塚市、大東市、箕面市、柏原市、羽曳野市、藤井寺市、交野市、能勢町、太子町）、全国上位3割入りが6市町村（河内長野市、島本町、豊能町、田尻町、河南町、千早赤阪村）、全国上位5割入りが8市（泉大津市、寝屋川市、高石市、泉南市、大阪狭山市、守口市、門真市、四条畷市）となっています（「2020年度保険者機能強化推進交付金・介護保険保険者努力支援交付金に係る評価指標市町村別集計表」表5－2）。

（3）ケアマネジャーから見た各地の自立支援型地域ケア会議

大阪社保協の「自立支援介護」問題研究会に参加したケアマネジャーに各地の自立支援型地域ケア会議の状況を報告してもらいました。

大阪市の自立支援ケアマネジメント会議

大阪市鶴見区では、2018年3月に自立支援ケアマネジメント研修会（講師：大阪市社協地域福祉課副主幹）で、ICF（国際生活機能分類）を引用しながら「自立とは」「アセスメントの視点」「アプローチの仕方」を解説し「お世話型ケアマネジメント」から「自立支援型ケアマネジメント」へ、ケアマネジャーの意識を変える事が強調されました。

同年10月には、大阪市自立支援型ケアマネジメント説明会（講師：市福祉局高齢福祉課課長代理）で開催内容と進め方が解説されました。

区内の三つの地域包括のうち、一つが実際の事例で行う会議を「検討会議」（月1回）と呼び、他の地域包括は、その内容を伝達で開催するのを「小会議」と呼び、毎月輪番で開催する方式です。検討の対象者は「新規の」要支援認定者のうち「生活機能の維持・向上が期待できる、またはその可能性のある高齢者」を地域包括が選び、担当ケアマネに参加を依頼します。

検討の目的は、①高齢者のＱＯＬの向上、②ケアマネジャーのスキルアップ並びにスキルの平準化、③地域における課題等を把握し、今後の政策形成に生かす、とされ、1年後にモニタリング実施予定だが「介護保険からの卒業を目指すものではありません」と強調されました。

こうした経過で２０１９年1月から始まった「小会議」は以下の内容でした。

前半は、理学療法士からの「自立支援型ケアマネジメントとＩＣＦ」の題で講演、自立支援型ケアマネジメントが「決して、給付抑制のための仕組みではない」「決して、ケアマネジャーの公開処刑の場ではない」と強調した上で、自立と自律の意味、ＩＣＦの考え方・アセスメントの視点を整理する内容でした。

後半では、「本会議」の事例報告を元にケースの概要を説明。それに対して、講師が各サービス担当者の意見や視点にコメント、目標設定について、「〇〇までに、△△が出来る（行ける）」など期日と具体的動作」の表記が望ましい等、スキルアップめざす範囲でした。

このまま続けることへの疑問も出始めて

実例ケースでの「検討会議」の概要を紹介します。

1例目は、歩行器利用のみの方で、自転車に乗れるまで身体機能の改善を目指す上での助言が出されて、多忙な中で多くの資料を準備したアセスメントにも言及はなく「乗れるようになるでしょう」で終了でした。担当ケアマネは、特にコメントが欲しかったわけではない、終わってやれやれ、もうしたくない、と話しています。

2例目は、週に1回だけのデイケアに通う利用者で、利用のために、中断気味だった受診や検査ができたこと、出来るようになったことの効果を各専門職とも共有できました。

二つのケースともサービスからの「卒業」を促すような発言はありませんでした。

2020年に会議への感想を区内のケアマネに聞きとりました。「また参加したい」はゼロで、「続けたほうが良い」との意見もありませんでした。

くすのき広域連合の「介護予防ケアマネジメント検討会議」

くすのき広域連合は、大阪府東部の守口市・門真市・四条畷市の3市の介護保険者広域連合です。会議が公開されていて誰でも申し込み不要で実例の検討会議の傍聴が可能となっています。返却必要ながら傍聴者にも同じ検討資料が配布されます。

会議目的に「持続可能な介護保険制度」を掲げ、「多職種の視点によるケアの幅の拡大」での、「具体的にサービスからの卒業」を本人・家族に受け入れさせるためのケアマネへの助言となっていることが特徴です。

進め方は、初めの5分間、配布資料でケースの情報を読み込み概要を掴んで、担当ケアマネジャーが検討内容を発言する、それに各専門職が答える流れで進みます。報告者がケースを受け持つ包括では、「基本、半年で卒業をめざす」と言います。実際の傍聴の経験をまとめて報告します。

門真市の事例～誘導的な専門職の助言への違和感

利用者は、日常の生活動作が、ほぼ自立に近く、週に1回だけ半日のデイサービスに通い他の方と話すのが楽しみになっている独居の方です。

違和感を感じたのは担当ケアマネは、自治会館で行う体操に通うことでデイの代わりになると思うが、「卒業」について本人の同意をどうやったら得られるか助言を求める場面です。

理学療法士の助言は、「本人だけでなく家族にも繰り返し」「卒業させられると思わすのではなく、できた事、やれたことが称賛され、認めて貰えることを本人が達成感と共に自覚する」ように持っていく。と言い肝心の日常生活動作への専門職の助言はなし。

このケアマネが卒業に向けたケースを探そうと言われなければ、体操とデイサービスとを同列に見て代替できるのでは、などとは思わなかったと思います。

守口市の事例～何が何でも〝セルフケア〟を評価？

歩けなくて通院できなくて、やっと徒歩圏内にある薬局で売薬を服用している方への意見では、受診の手段を確保する提案ではなくて、この状態を〝セルフメディケート〟（軽度な身体の不調は自分で手当てする事）と捉える薬剤師の助言は、果たして「専門職の助言」と言えるのか、と大いに疑問を持ちました。

2021年4月からの新方針～3ケ月で卒業へ

2017年4月からの事業到達を総括して、事業対象者継続が多く、自立が十分に促進されていない、その原因の一つがケアマネの「お世話型プラン・アセスメント不足・目標があいまい」なことにあるとして、今後は新規の要支援者は、すべて地域包括で担当し、要望が何であれ短期集中型通所サービスをすすめ、1～3カ月利用した後は、地域の助け合い活動につなぐというのです。

心身状態も家族、社会関係も個別で色々な事情を抱えながら現在に至った利用者の個別性の考慮・検討を抜きにして、日常生活動作の状態を目安にして、「自立・卒業」への促進が強引に進められることを強く危惧します。

2　堺市の「介護予防ケアマネジメント検討会議」

『介護予防ケアマネジメント検討会議』とは

堺市では2017年7月から「介護予防ケアマネジメント検討会議」(『自立支援型の地域ケア会議』)が開催されています。当初は堺市にある7区ごとに月1回のペースで開催され、1地域包括支援センターにつき1～3事例程度を検討していました。

会議の概要は、堺市が事例を抽出し、事例を担当する居宅介護支援事業所のケアマネジャーとサービス事業所を召集。会議の司会は堺市職員、基幹型包括支援センター職員が担当。出席は召集されたケアマネジャー・サービス事業所、地域包括支援センターのほかに堺市から依頼を受けた職能団体から理学療法士・作業療法士等のリハビリテーション専門職、歯科衛生士と管理栄養士、薬剤師が助言者として参加していました。

ケアマネジャーは当日までに、通常のケアプランの書類の他に、栄養アセスメントシート、口腔アセスメントシート、服薬内容の3種を求められ、サービス事業所もサービス計画書の提出を求められました。会議は①資料の読み込み（5分）②対象者の概要・ケアプランの説明（5分）③サービス内容の説明（5分）④質問・提案（15分）⑤まとめ（5分）の流れで進みました。会議終了3カ月後、堺市からケアマネジャーに対して、3カ月めの状況を問うアンケートが実施され、会議終了後、市職員のリハビリ職が事例の対象者宅をケアマネジャーと一緒に訪問し、リハビリの指導を行っている事例もありました。

2019年度までは、会議内容が専門職から助言・アドバイスにとどまり、プラン変更や『介護保険からの卒業』『サービスとりあげ』を直接的・強制的には求められていなかったため、専門職からの助言は居宅介護支援事業所のケアマネジャーにとっては貴重で、多くのケアマネジャーが「会議を活用できる」と好意的な受けとめをしていました。

2020年度からの変化

開始から3年が経過し、「さらに自立支援に資するものとするために運用を変更する」との説明が2019度末に堺市より地域包括支援センターに対して行われました。

これまでは、堺市が事例を抽出して検討会を実施していましたが、2020年度からは、次のように変わりました。大きくは二つに分かれますが、一つは対象の選定基準、二つめはアセスメント訪問実施です。

1．対象事例の選定基準

①対象はa要支援・事業対象者の新規ケース、b更新の場合は再検討を要するケース、c生活不活発等で自立が見込めるケース、d短期集中通所サービス利用予定のケースとなりました。そして②地域包括支援センターが直接プランニングしているケースを自ら選定し提供する（選定できない場合は委託ケース可）③検討会の開催頻度は各区2カ月に1回となりました。

2．アセスメント訪問の実施

アセスメント訪問では、①市のリハビリ職と担当ケアマネジャーが同行訪問しアセスメント実施する②リハビリ職がアセスメントシートを作成③リハビリ職とケアマネが本人の目標を共有④自立支援に向けた指導、理学療法士による訪問指導を行い必要な支援やサービスを検討⑤本人と自立にむけた目標、期間について合意形成することとなりました。

・事例を選定し検討会に参加した地域包括支援センターのケアマネジャーの声

事例を提出した地域包括支援センターのケアマネジャーの声を聞いてみました。

良かった点としては、リハビリ職との同行でアセスメントを行ったことにより、自身が聞けていなかったことも分かったこと、理学療法士が利用者の身体状況を確認して、ご本人に自分でできる体操やストレッチを提案してくれたことで本人のやる気に繋がった。必要に応じて最大4回のリハビリ職の訪問が可能なため、実施状況の確認や提案したものが本人に合わなければ見直しを行い、必要に応じて新たなサービスを検討する助言などもあり、実行可能で具体的な提案をされた。このことから、今後プランニングの際はこれまで気付きにくかった予防的な視点をあらためて踏まえることができると感じた。検討会自体もこれまで同様に各専門職からアドバイスをもらえて参考になったとのことです。

一方で、理学療法士との同行訪問の際に「この体操を継続していけば、いずれ「卒業」もできるのでは？」と言われ、ケアマネジメント検討会は介護保険からの「卒業」が目的であることには変わりないと実感しました。担当ケアマネジャーとしては、理学療法士からの提案は具体的で、学べる要素はありつつも、利用者の状況や今後の生活全般を見通した時、「卒業」できるとは到底考えられないとの意見がありました。目標も達成しないうちから「卒業」という発言は早計だと思われます。また、利用者が「専門職のアドバイスを受けて元気になりたい」と考えている方でないとリハビリ職訪問の同意が得られず、堺市より事例選定は必須と言われているため、プレッシャーを感じながら選定することとなり非常に苦慮するとの声が上がっています。

・事例の選定について

堺市は事例選定をサービス導入前の新規ケースを想定しているため、リハビリ職のアセスメントから助言、指導して3カ月後にケアマネジメント検討会を実施する中で、担当ケアマネジャーのモニタリング情報と生活課題の解決や目標達成状況を確認するとのことでした。

しかし、選定基準を満たすような新規ケースはタイミングよく発生しないので、既存の更新ケースから選定することが多く、それも利用者に趣旨を説明し同意を得てから、リハビリ職の訪問日程調整だけでも手間がかかります。同意が得られない場合は選定のやり直しです。

堺市は地域包括支援センターに事例提供と検討会議の参加を義務化し、２０２１年度からは地域包括支援センター業務評価の項目にも位置づけたことで、各地域包括支援センターは「提出しないと評価に響く」と考えてしまうのが現状です。

介護予防ケアマネジメント検討会のゆくえ

堺市が２０１７年から２０１９年度までに実施した検討会では、３２２カ所の居宅介護支援事業所が参加し全体の85％となっています。３カ月後アンケート結果からは助言者のアドバイスは、ほぼすべての利用者（96％）に伝えられ、家での運動、栄養改善など65％の利用者が行動変容に至っているそうです。参加したケアマネジャーからは会議で得た専門的知識を他のケースにも活用しておりＯＪＴ（「On-the-Job Training」の略で、業務での実践を通じて業務知識を身につける育成手法）の場になっていると堺市は評価しています。

２０２０年度から運用を変えたことを居宅介護支援事業所には周知されないまま1年が過ぎました。基本的には地域包括支援センターが直接担当しているケースを選定するので必要がないと考えているのかも知れませんが、地域包括のケースが選定できない場合は委託ケースから選定することも可とされているので説明は必要だと思います。

運用変更後は「介護保険からの卒業」について利用者の前で提案するリハビリ職もおり、専門職からこのような発言をされた場合、利用者自身の受け止め方次第では「サービス利用を止めるように言われた」と捉えてしまったり「止めたほうがいいのかな」と悩まれたりするかも知れません。こんなことにならないように提案や発言は留意してもらいたいです。このことでケアマネジャーと利用者の信頼関係にひびが入る可能性もあります。

高齢者のＱＯＬ（生活の質）の向上とケアマネジメントの質の向上を目的として始まった介護予防ケアマネジメント検討会ですが、４年経過し【自立支援＝卒業】の図式がはっきりとしてきたことに非常に怖さを覚えます。堺市として検討会の本来の目的に立ちかえり、あらためて方向性を示していくことが必要だと思います。

第3節　利用者本位のケアマネジメント実践のために

日下部　雅喜

1　市町村のケアマネジメント関与の目的は介護給付抑制

市町村（保険者）がケアプランに積極的に関与してきたのは、２００７年に各都道府県で「介護給付適正化計画」が定められ、各保険者が実施すべき給付適正化事業のひとつに「ケアプラン点検」が位置付けられ、２００８年７月には厚生労働省が市町村職員向けに「ケアプラン点検支援マニュアル」を作成し、全国でケアプラン点検が実施されるようになってからです。この経過から分かるように、行政のケアマネジメント関与は始めから給付適正化（介護給付抑制）を狙うものでした。

さらに、２０１３年１月に厚生労働省の「介護支援専門員の資質向上と今後のあり方に関する検討会」の「中間的な整理」において「自立支援に資するケアマネジメントに向けた環境整備」という方向性がまとめられ、保険者がケアマネジメントに積極的に関わっていくよう「保険者機能の強化」をはかるために２０１８年度から居宅介護支援事業者の指定権限が市町村に移譲されました。２０１７年の法改正により２０１８年度からはじまった「自立支援・重度化防止のための保険者機能強化推進交付金」でも地域ケア個別会議など、ケアマネマネジメントに市町村が関与することを評価する指標が多く盛り込まれ、介護給付抑制のためのケアマネジメント関与はますます強められようとしています。

一方こうした「自立支援型」の押し付けについては、日本社会福祉士会が２０１７年4月に「声明」を発表し、「高齢者本人の意思に基づかない自立支援は真の自立支援ではありません」と指摘しています（１６９頁資料参照）。

2 厚生労働省「多職種による自立に向けたケアプランに係る議論の手引き」

２０１８年10月から、ケアマネジャーに対し、国の定める回数以上の訪問介護（生活援助）をケアプランに位置付けた場合は市町村にケアプランを届出することが義務化され、地域ケア会議等で「検証」されることになりました。同時に厚生労働省は「多職種による自立に向けたケアプランに係る議論の手引き」（以下「手引き」）を作成しました。「市町村職員が、自立支援・重度化防止や地域資源の有効活用等の観点から、ケアマネジメント支援を目的として、地域ケア個別会議等を活用」するために作成したと説明しており、自立支援型地域ケア会議の促進のためのものであることは明らかです。

しかし、生活援助ケアプラン届出制度が「回数制限だ」との強い批判を浴びたため、「手引き」の内容は、その意図を巧妙に隠す記述が見られます。例えば「自立に向けたケアプラン」として次のような記述があります。

加齢に伴い、地域での生活を維持していくことが難しくなるのは当然のことです。このような高齢者が何らかの援助を受けながらも、尊厳を保持して、その人らしい生活を主体的に継続していくことが自立だと言えます。自立とは身体的自立のみではなく、心理的、経済的、社会関係的等の複

合的な概念であることを今一度確認する必要があります。

これまで政府がおこなってきた「自立支援介護」とはかなり異なる「自立」の概念説明を行っています。さらに「高齢者本人の自己決定を尊重することが最も重要」とも言っていますが、そのすぐ後には「本人の自己決定だからとすべてを受け入れることが、自立に向けたケアプランではない」とし、「『できる能力があるのに、していないことは何か』『かつてはしていたのに、しなくなったことは何か』『それはどうしてなのか』等の視点から、自立に向けての意欲が喪失している理由を解明し、本人の想いを引き出し、意欲を高める方法等を検討することが必要」と、結局のところ、「自分でできる」ことになることをめざすことが「自立に向けたケアプラン」という結論です。

地域ケア個別会議で検討する際の資料にもＡＤＬ、ＩＡＤＬなど生活行為の「現在」「改善・維持可能性」「見通し」を見立てる「課題整理総括表」を用います。専門職が地域ケア会議で「助言」するための確認ポイントも「生活の中での『出来ること』と『出来ないこと』の能力評価」「『出来ない』要因の分析」が列記され、「生活行為の課題の改善・解決」を目標とするものとなっています。

ＡＤＬ（Activities of Daily Living：日常生活動作）：日常生活を営む上で普通に行っている行為（例えば、食事、排泄、整容、移動、入浴等）のこと。

ＩＡＤＬ（Instrumental Activities of Daily Living：手段的日常生活動作）：日常生活を送る上で必要な動作のうち、ＡＤＬより複雑で高次な動作（例えば、買い物、洗濯、掃除等の家事全般、金銭管理・服薬管理等）のこと。

この「手引き」は、市町村職員が自立支援型の地域ケア会議を通じてケアプランの検証をするためのものですが、届出されるケアプランはさらに対象拡大され、２０２１年10月からは「区分支給限度基準額の利用割合が高く、かつ、訪問介護が利用サービスの大部分を占める等のケアプランを作成する居宅介護支援事業所を事業所単位で抽出するなどの点検・検証の仕組み」が導入されることになっています。

3 「自立支援型ケアマネジメント」の問題点

(1)「日常生活上の世話」を軽視

「自立支援に資するケアマネジメント」に関連する説明や研修では、従来のケアマネジメントを「お世話型ケアマネジメント」と決めつけ、「できないことを代わってやる」のではなく「できるようになるための支援」をするのが「自立支援型ケアマネジメント」という説明がなされています。

利用者の食事、入浴、排せつなどをはじめとする「日常生活上の世話」は介護そのものですが、そのことを「お世話型」などと何か質の低いものであるかのように描き出すことは果たして適切でしょうか。もちろんアセスメント抜きの単なる「サービス当てはめ」だけの手抜きケアマネジメントは論外ですが、それ以上に「日常生活上の世話」を軽視する考え方は問題です。

この間の介護報酬改定で、ホームヘルパーの「生活援助」が引き下げられ、総合事業では無資格者・ボランティアでも提供可能とされたのも「日常生活上の世話」を軽視する政策的意図から来ています。これはもはや生活援助にとどまりません。２０２１年度報酬改定でのデイサービス等での「入浴介助」が、従来の「適切な入浴」はマイナス評価し、自宅での「入浴自立」をめざすのはプラス評価

図5-1

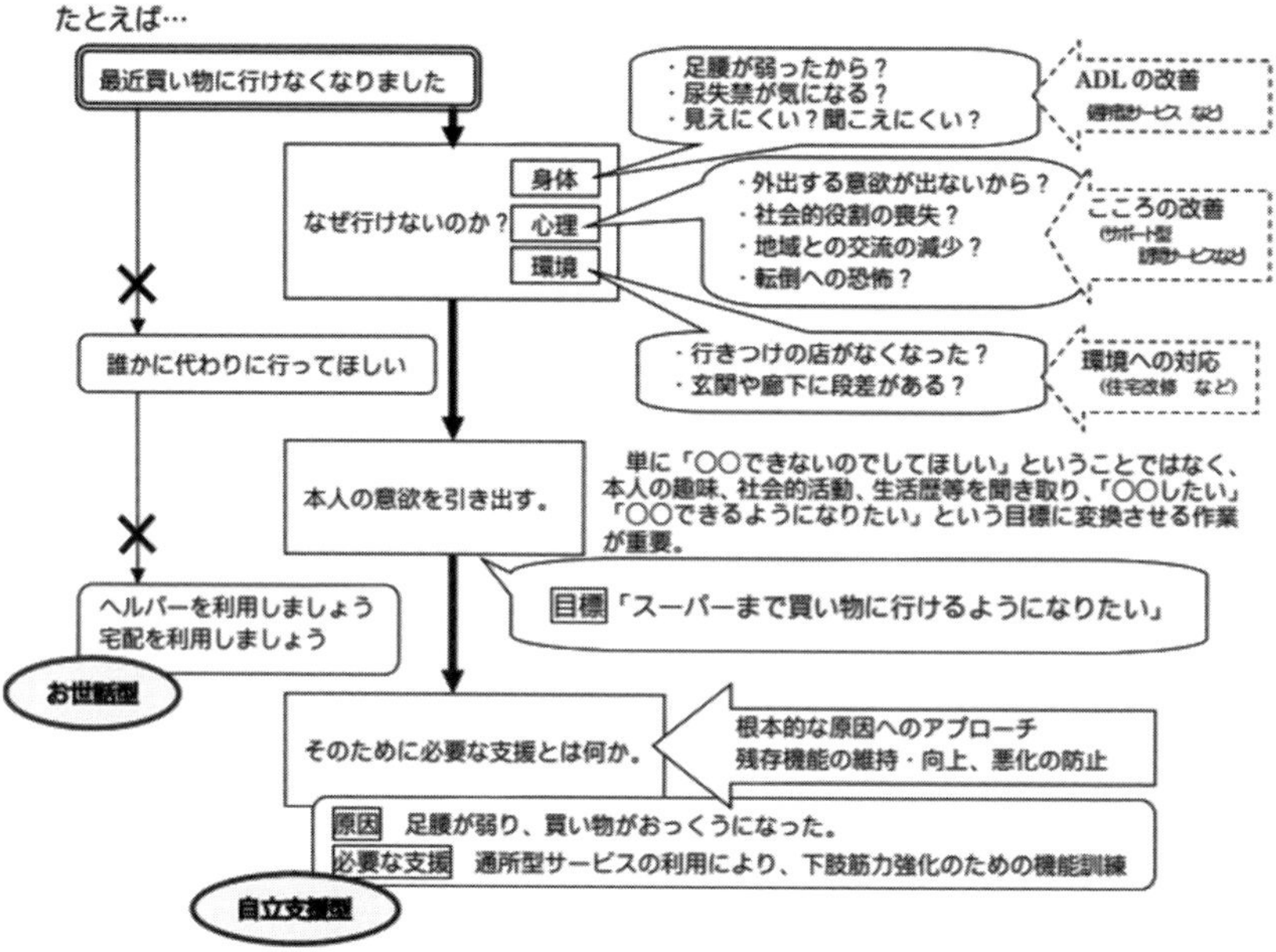

たとえば…
最近買い物に行けなくなりました
なぜ行けないのか？
身体
心理
環境
・足腰が弱ったから？
・尿失禁が気になる？
・見えにくい？聞こえにくい？
ADLの改善
（通所サービス など）
・外出する意欲が出ないから？
・社会的役割の喪失？
・地域との交流の減少？
・転倒への恐怖？
こころの改善
（サポート型
訪問サービスなど）
・行きつけの店がなくなった？
・玄関や廊下に段差がある？
環境への対応
（住宅改修 など）
誰かに代わりに行ってほしい
ヘルパーを利用しましょう
宅配を利用しましょう
お世話型
本人の意欲を引き出す。
単に「〇〇できないのでしてほしい」ということではなく、本人の趣味、社会的活動、生活歴等を聞き取り、「〇〇したい」「〇〇できるようになりたい」という目標に変換させる作業が重要。
目標 「スーパーまで買い物に行けるようになりたい」
そのために必要な支援とは何か。
根本的な原因へのアプローチ
残存機能の維持・向上、悪化の防止
原因 足腰が弱り、買い物がおっくうになった。
必要な支援 通所型サービスの利用により、下肢筋力強化のための機能訓練
自立支援型

出所：大阪市介護予防ケアマネジメント事業実施マニュアル

というように身体的介助にも及んでいます。

（2）「必要な援助」を否定する結果にならないか

要支援1、2や要介護1の利用者は、日常生活の一部を適切に援助するだけで在宅生活が十分に継続できる人が多くいます。例えば一人暮らしで外出歩行が困難になった人の「買物」はヘルパーが週1～2回代行したり、同行したりすることで継続できます。入浴も自宅での入浴が困難になっても週2回デイサービスでの入浴介助を受けることで継続できます。こうした「日常生活上の世話」は介護保険給付の原則です。

介護保険法第2条は①要介護・要支援状態に「必要な給付」を行う、②「要介

図5-2

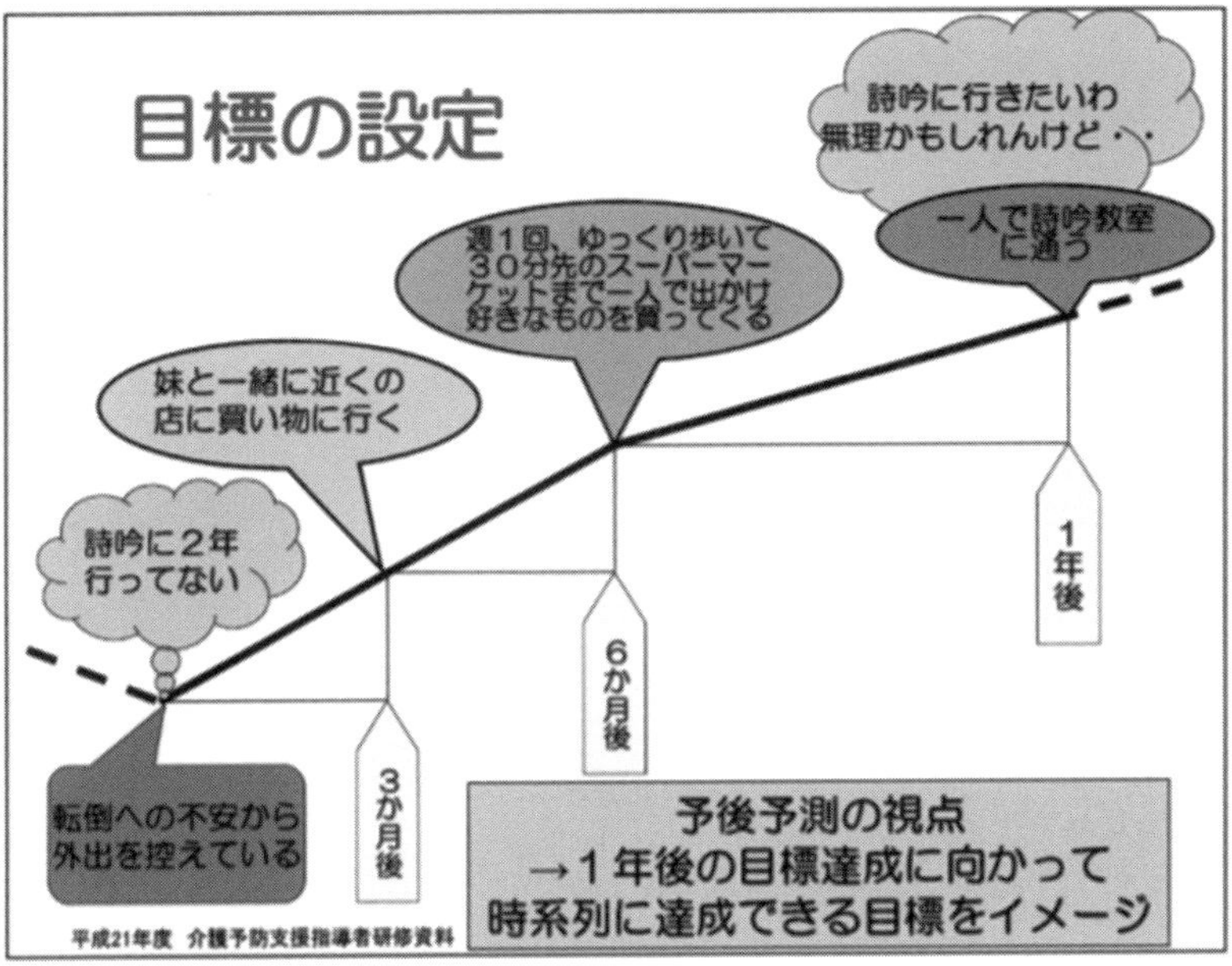

出所：堺市介護予防支援・介護ケアマネジメント業務マニュアル

護状態の軽減・悪化防止、介護予防に資する」とともに「医療との連携に配慮」、③「選択」に基づき「総合的・効率的」に行う、④内容・水準は可能な限り「居宅で自立した日常生活を営むことができるよう配慮」としています。「自立支援型ケアマネジメント」はこのうち②の「軽減・悪化防止」を一面的強調し、生活機能について「なぜできないのか」を問題にし、「できるようになる」ための支援を重視します。

たとえば、「買物に行けない」を「なぜ行けないのか」と要因分析し、要因が「身体機能」であれば、ＡＤＬや栄養改善のための支援、「心理的要因」であれば「こころの改善」のサービス、「環境面の問題」であれば「住宅改修など環境整備」というように「対応策」を検討します。そして本人に「自分で買物に行けるようになりたい」との意欲を引き出し目標化するという作業を行います（図5－1）。

「買物ができない」という日常生活の支障を解消する方法は、①外出歩行ができるようになって自分で行けるようになる、②自分一人では困難なので代行または同行してもらう、と二通りあります。どちらになるかは、利用者の疾病や心身の状態により慎重に評価がなされなければなりません。①の自分で行けるようになるまでの改善ができなくても、②の買い物支援という「少しの援助」を継続することで在宅生活の継続が可能となり、本人の意向に沿った暮らしを続けられている高齢者が多くおられます。利用者はヘルパーに依存しているように見えますが、生活行為の一部の支援を受けながら自分なりの暮らしを営んでいる人もいるのです。これも「能力に応じた自立した日常生活」です。そのための「必要な援助」を提供するが介護保険です。

自立支援型ケアマネジメントは、「できるようになること」を強調するあまり、この「必要な援助」を取り上げようとすることになる危険性をはらんでいます。

（3）常に「改善」「向上」の目標は現実的か

ケアプランでは、長期目標と短期目標があり、長期目標の「期間」は「生活全般の解決すべき課題（ニーズ）をいつまでに、どのレベルまで解決するのかの期間」、短期目標の「期間」は「長期目標の達成のために踏むべき段階として設定した短期目標の達成期限」とされています。自立支援型ケアマネジメントでは、目標達成を評価しやすい表現が推奨され、「6カ月後に30分歩いてスーパーマーケットまで出かける」などの記載が求められます（図5－2）。段階的に時間とともに身体機能が

「改善」「向上」していくような要介護・要支援者は少数であり、むしろ一時的な改善はありつつも中長期的には身体機能は低下していくのが高齢者の一般的な状態像です。

自立支援型ケアマネジメントは、自分でできる＝ＱＯＬ（生活の質）の向上という固定観念にとらわれるあまり、ケアプランを非現実的なものにしてしまうこともあります。

(4) 利用者との「共感」を困難にする

本来、介護（生活のケア）は「日常生活上の世話」だけでなく、それを手段として「自立した生活」（その人らしい文化的な生活）を実現するためのものです。だれでも自分らしく・自分の思いどおり暮らしたい、という願いを持っています。高齢期の要介護・要支援状態は、そのことを困難にし、それまでの自立的であった自己像との「落差」に絶望的になる人も少なくありません。喪失感、疎外感、諦め感を持ち意欲低下している利用者は多く、場合によっては拒否感、怒り、いら立ちを持ち、その心は揺れ動いています。

そうしたときに重要なことは、利用者が生活機能低下の現実を受容し、介護を主体的に受け入れ新たな自立観をもって前向きになられることです。ケアマネジャーも要介護者・要支援者の心情やこだわりを受け入れ、その人に合った支援を共に見出していくことが求められます。認知症の人であったり、家族関係に困難を抱えていたり、経済的に生活困難に陥っている場合はなおさらです。

ところが自立支援型ケアマネジメントは、利用者に「できるようになること」を求めるあまり、ケアマネジャーの視点を歪めることになります。多職種での「ケアプラン検討」も利用者の「人間としての全体像」を見ずに、筋力や動作（リハビリ職）、栄養（管理栄養士）や口腔機能（歯科衛生士）などパーツ（部分）への専門的対応ばかりをケアマネジャーに迫ることになりかねません。個々の身体機能・生活機能の改善可能性を見立てる「課題整理総括表」も使い方次第では同様の危険性を持っています。利用者は身体機能・生活機能の寄せ集めではなく「人格」（人間）であることを忘れてはなりません。

4 「利用者本位」と真の「自立支援」のケアマネジメントのために

今後「自立支援型ケアマネジメント」など、市町村のケアマネジメントへの介入が強まり、一方で国による「科学的介護の推進」の一環としてのビッグデータ活用による「ケアマネジメントの標準化」という管理統制が進められようとしています。さらに、2024年度の次期改定に向けては「ケアマネジメントの有料化」がまたしても画策されるなど、ケアマネジャーは重大な岐路に立たされています。

利用者本位のケアマネジメントを貫き、本当の自立支援を実践するため必要な四つのことを提言します。

提言1　利用者の「そのままの状態」を尊重する

日本も批准している障害者の権利に関する条約は「第17条（個人をそのままの状態で尊重すること）全ての障害者は、他の者との平等を基礎として、その心身がそのままの状態で尊重される権利を有する。」とうたっています。障害の「軽減」や「改善」を障害者に求めるのではなく、「そのままの状態」で社会が受け入れるという原則です。心身機能・生活機能に障害を負った要支援者・要介護者に対する支援は、まずは、「そのままの状態」で尊厳が保持された自立した日常生活を送ることができるようにすることがケアマネジメントの出発点です。要介護状態が「改善」しなくてもケアを受ける権利があることは当たり前のことです。

介護保険法第2条第2項の「状態の軽減・悪化防止、介護予防」はこのことに十分に配慮しながら取り組まなければなりません。

提言2　利用者の「自己決定の尊重」を徹底する

利用者が自分の暮らし方を自分で決める「自己決定」の尊重は自立支援の中心をなします。しかし「自己決定だからとすべてを受け入れることは自立支援ではない」「自己決定は大切だが、本人にとって最適な自己決定なのか」といった事実上の自己決定の否定がまかり通っています。

自己決定の尊重は、何も考えずに受け入れることでなく、要介護者・要支援者がなぜそのような「決定」（選択・判断）に至ったのかを理解することなしにはあり得ません。利用者の決定を「尊重する側」のケアマネジャーが「決定する側」の利用者の考え方、心情（怒りや諦めや不信感なども含めた感情）を理解し、ある程度は「共感」しないと「尊重」はできません。自己決定の尊重は「あなたが決定したのだからあなたの責任でしょ」というレベルのものではありません。願望・希望を表明する利用者とそれを受け止め洞察結果をアドバイスをするケアマネジャーとの「相互作用」の結果が利用者の自己決定でもあるのです。
「専門家としての自己決定支援」という上から目線の薄っぺらいものではなく、「ご利用者様」の顧客満足度第一というこびへつらいでもない、対等な相互作用の関係を築くことが重要です。そのためには、利用者のこれまでの人生を踏まえた現在の暮らし方への理解と「共感」が欠かせません。認知症など判断力が不十分な利用者の場合ではなおさらこの「理解と共感」は重要です。

提言3　サービス利用と「自立」を両立させる

「自立支援型ケアマネジメント」では、「サービス依存」がよく問題にされます。

ホームヘルプサービスの場合

ホームヘルプサービスでは、アセスメント不足のケアプラン批判として次のような事例がよくあげられています。

「掃除ができなくなってきたから、介護保険を使いたい」
←
「はい、わかりました。ではヘルパーさんにお掃除をしてもらいましょう。」
←
掃除がされずに部屋が不潔になることは、ヘルパーが掃除することで解決できます。

しかし！　どうして、掃除ができなくなってきたのか、この原因は解決してません。これでは、ご本人はいつまでたっても自立できませんし、原因によっては、それを放置することで悪化していくばかりです。
ヘルパーしか入っていないプランで、どうやって利用者は自立を目指すのか
（大阪府大東市での研修資料から）

この指摘の問題の立て方は、自立支援型ケアマネジメントの典型で、「ヘルパー利用を継続＝自立していない」という思考方法であることが特徴です。こうした硬直・画一的思考では、利用者の個別性が否定されてしまいます。

本当の意味で「自立」支援のケアマネジメントに求められるものは次の点です。

①利用者の「生活力」を理解する

身体面・機能面、健康面だけなく、生活習慣、価値観を含めた利用者把握と理解がなによりも重要です。ニーズに対し社会資源（サービス）を調整するのはケアマネジメントの基本ですが、利用者把握は抜きにすることはできません。

②継続的アセスメント（モニタリングを含む）では

・ヘルパーのサービスが果たしている役割
・利用者はどう受け止めているか

・サービス提供者（ヘルパー）と利用者はどのような関係を築いているか、利用者にとってはどうか

・今後の「可能性」、予後予測

③利用者の抱える「困難」の進展状況・解決状況の把握と評価

・変化を見逃さない

※「自立した生活」の評価ポイントは、利用者が自分の生活で「楽しい」「気持ちいい」「うれしい」が増えているのかにあります。

デイサービスの場合

デイサービスでは、次のような事例で「卒業」が迫られることがあります。

デイサービスは何のために利用してる？

介護認定の軽度者のデイサービスの利用目的

＊1番多いのが閉じこもり予防

＊他には入浴？　転倒予防？　筋力向上？

＊一度利用し始めたら、延々と利用し続けるのがデイサービス？

たくさんの疑問
・長年デイサービスに通っているのに生活の課題が改善解決しないのはなぜ?・そんなデイサービスにいつまでも通っている意味はあるの?
・友人と一緒に行きたい。何のために? お稽古、カルチャーセンターと間違ってない?
（大阪府大東市での研修資料から）

これは「卒業」型ケアマネジメントの典型です。目標達成⇓サービス終了（卒業）を一般化・普遍化し、「延々と利用し続けるのがデイサービス?・」「生活の課題が解決しないデイサービスに通っている意味はあるの?・」と、デイサービスの利用継続＝自立していないという立場で、「利用目的」を限定し、利用制限、利用終了に導くことがケアマネジメントの目的になる危険性がある考え方です。

デイサービス利用を前提とした本当の「自立支援」のケアマネジメントに求められるのは次のような点です。

①利用者の意欲・楽しみを理解し評価する

・何を楽しみに通所されているのか、なぜ楽しいか
・利用者はデイサービスのスタッフ及び他の利用者とどのような関係性をつくっているか
・デイサービスは本人の生活にどのような役割を果たしているか

・さらなる「可能性」、予後予測

②自宅から通い続けるためのアセスメント・マネジメント

・自宅での衣食住、排せつ等の継続ができる生活力・環境をどう維持できるか

③利用者の抱える「困難」の進展状況・解決状況の把握と評価

・変化を見逃さない

※「自立した生活」の評価ポイントは、利用者が自分の生活で「楽しい」「気持ちいい」「うれしい」が増えているのかにあることはホームヘルプサービスの場合と同様ですが、自宅からデイサービスに通い続ける生活をどう維持できているかも重要です。

ケアマネジャーの「自立観」

ケアマネジャーの「自立観」によって、自立支援の方向は大きく変わっていきます。今日の介護保険が失ってしまった「自立観」を紹介しておきます。介護保険創設に大きな役割を果たした樋口恵子さんの言葉です。

「(これまでの自立は)身のまわりのことを自分でできて、職業を持って、その収入で暮らしを立てる、つまり身辺自立と経済的自立の二つを達成しないと自立したと言えないということでした。」「自分でできないことは人に手伝ってもらってもよい、誰にどのように手伝ってもらいたいのかも自分で決めてよい、自分の生活の一こま、一こま、人生を自分で選び、決定することも自立なのです。」(樋口恵子著「エンジョイ自立生活」1998年)

人生の「最終章」をその人らしく迎えるための支援が「自立支援」と言えます。

提言4　ケアマネジャーを「自立」させる

ケアマネジャーが本当の「自立支援」のケアマネジメントを実践できるためには、ケアマネジャー自身の「自立」が欠かせません。

第1は、行政からの「自立」です。政府・自治体のケアマネジメントの管理統制を排すること。すなわちケアマネジャーの「裁量」と「判断」を行政が尊重し、不当な介入・干渉を控えること。現行のケアプラン点検と自立支援型地域ケア会議は廃止し、ケアマネジャーの要望に基づく「助言・支援」の仕組みを作るべきです。

第2は、営利企業等からの「自立」です。「利用者の意思及び人格を尊重し、常に利用者の立場に立って、居宅サービス等が特定の種類又は特定の居宅サービス事業者に不当に偏することのないよう、公正中立に行われなければならない」という居宅介護支援等の運営基準は実際は、多くの法人において空文化しています。介護保険制度始まって以来一貫して全国平均で居宅介護支援事業の収支が「赤字」を記録し続けています。「自立」できる居宅介護支援事業の介護報酬を抜本的に引き上げるとともに、サービス事業者との併設に制限を設けるなどサービス事業所等から区分された運営を要件とするよう法令を改正するべきです。

第3は、緊急の問題として、次期介護保険改定で狙われている「ケアマネジメント有料化」（利用者負担導入）を阻止し、介護報酬の大幅な引上げを実現することです。あわせて運営基準減算を廃止させることも重要な課題です。

5　当面何からはじめるか　ケアマネジャーへのメッセージ

ケアマネジメントを担うケアマネジャーは何からはじめるべきでしょうか。

①利用者の「現実」から出発する思考を徹底することです。「制度ありき」のモノの考え方に陥らないことです。

②利用者の必要なサービスは断固として利用できるようにする。正しい「自立支援観」を確立し、行政の言いなりにならないことです。

③制度に振り回されず、制度を知り尽くし、利用者のために「活用」する実践を重ね、運用を改善させ、制度そのものを変革する道を開くことです。

ケアマネジャーが生き生きと、利用者のために思いっきり働けてこそ、よりよい介護が実現することを訴えたいと思います。

【資料】

高齢者の自立支援・重度化防止に向けた取組の推進に対する声明

公益社団法人日本社会福祉士会は、人々の尊厳を尊重し、住み慣れた地域の中で安心して 共に暮らせる社会の実現に努めることを憲章で定めている、都道府県社会福祉士会を会員とする専門職団体です。

わたしたちは、介護保険制度における財政的インセンティブ（動機づけ）措置の導入による悪影響を問題視しており、それに係る要件等については慎重に議論すべきであると考えております。そして、高齢者本人の意思を尊重した全人的（身体的・心理的・社会的）な自立支援を推進します。

「地域包括ケアシステムの強化のための介護保険法等の一部を改正する法律案」において、保険者機能の強化等による自立支援・重度化防止に向けた取組の推進が重視されています。

財政的インセンティブの指標としては、第2回未来投資会議（2016年11月10日）にて要介護度を指標としたインセンティブ措置の導入が述べられているとともに、第5回未来投資会議構造改革徹底推進会合「医療・介護－生活者の暮らしを豊かに」会合（2017年2月20日）にて要介護度が指標として挙げられています。

加齢に伴う身体的機能の低下は誰もが避けることができない現象であるにもかかわらず、要介護度の改善や要介護認定率を評価尺度としたインセンティブあるいはディスインセンティブ措置は、要介護状態を悪とする偏見を助長するとともに、適正なサービス利用を阻害し、安心して介護サービスを利用できなくなる恐れがあります。

また、高齢者本人の意思に基づかない身体的自立に偏重した自立支援は、介護保険法の目的である高齢者の「尊厳の保持」に反することとなり、制度の根幹を揺るがすことになりかねません。2017年度に全国展開が予定されている「介護予防のための地域ケア個別会議」は、「多職種からの専門的な助言を得ることで、介護予防に資するケアプラン作成とそのケアプランに則したケア等の提供を行う」とされていますが、高齢者本人が不在のままに高齢者本人の意思に反して当該会議が行われるとすれば「介護保険制度の見直しに関する意見」で指摘されている「利用者に対する過度な強制」を強いることになりかねません。自立支援は、高齢者本人の自己決定を前提とした全人的な取り組みであり、障害者の権利に関する条約における個人の自律及び自立（自ら選択する自由を含む。）が重要であることと 同様に、高齢者本人の意思に基づかない自立支援は、真の自立支援ではありません。

高齢者の「尊厳を保持し、その有する能力に応じ自立した日常生活を営むことができるよう」支援する自立支援を促進する施策の展開が図られることを強く要望します。

2017年4月7日

公益社団法人日本社会福祉士会

会長 鎌倉 克英

第4節　2021年度介護報酬改定への対応

日下部　雅喜

2021年度介護報酬改定は、ICT、データ活用による科学的介護を軸に「自立支援介護」を介護現場に押し付け介護内容を変質させせようとしています。

介護サービス現場では対応が問われています。

第1に、政府の描いた「科学的介護」に振り回され浮足立たないことです。

「科学的介護」（科学的に裏付けられた介護）が「利用者の状態像ごとの標準的な心身機能の変化よりも、機能の維持・向上を図ることのできる介護（パフォーマンスの高い介護）のこと」と定義されているように、利用者の日常生活上の支援よりも、心身機能・生活機能の改善を目指す介護に転換するためのツール（道具）です。ビッグデータの活用により、①利用者の状態像（年齢、性別、疾患など）ごとに、標準的な心身機能の変化（軌道）を設定、②どのような状態像の者に、どのようなケアを提供すれば、標準よりも機能の維持・向上を図ることができるかが分かるための仕組みです。

「標準」よりも機能改善されることを介護の目的としていいのかどうか、介護現場でしっかり議論することが大切です。

LIFEデータベース関連加算は月40単位から50単位程度で決して高いものでなく、事務負担や導入コストに見合わないものです。慌てて導入するより、何のために、何に活用するかをしっかり現

図5-3　個別化された自立支援・科学的介護の推進例（イメージ）

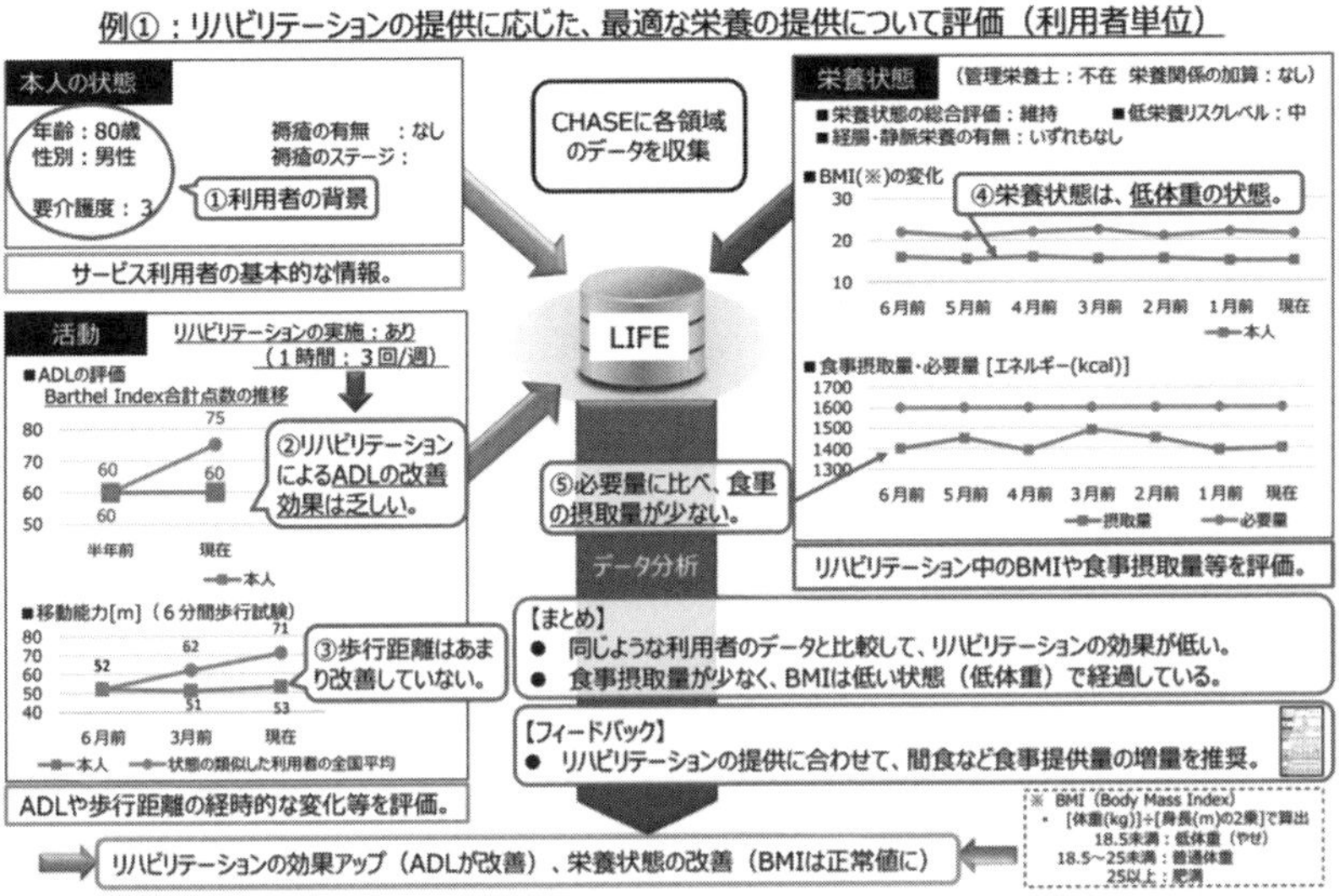

出所：厚生労働省老健局老人保健課事務連絡「科学的介護情報システム（LIFE）」の活用等について（令和３年２月19日）

場で検討してから対応を決めるべきです。

第２に、アウトカム加算への慎重な対応です。自立支援関係のアウトカム評価加算は、本当に当てはまる利用者は多くはありません。利用者実態を横において「加算獲得」に走るのは厚生労働省の思う壺です。目の前の利用者は今、何を必要としているのかを判断の基本にすべきです。「自立」は、ADL改善や要介護度の改善だけでなく、日常生活の継続性の確保、自己決定も含めた全人的な支援がケアの基本原則であることを忘れてはなりません。介護給付費抑制のための「自立支援」に取り込まれないようにすることです。

第３に、政府・厚生労働省のいう「自立支援介護」とは違う、真の「自立」を支援する介護を実践しながら対応することです。

例えば、通所系サービス（デイサービス、デイケア）の入浴介助加算への対応です。第２章

第1節で説明したように、従来どおりの入浴介助なら「入浴介助加算Ⅰ」となり従来の50単位からマイナス10単位ですが、自宅での「入浴自立」を目標にした取り組みを行えば「入浴介助加算Ⅱ」でプラス5単位（デイケアはプラス10単位）となる改定です。しかし、自宅での入浴が難しいからデイサービス等で入浴しているわけで、簡単に「自宅での入浴」を目標にできるわけではありません。通所系サービスでは大半の利用者が入浴介助を利用しており、事業所にとっては減収は深刻です。厚生労働省は2021年4月26日の「報酬改定Q＆A」では、入浴介助加算Ⅱの要件を大幅に緩め、自宅等での「入浴場面を想定していない利用者」や、「本人の希望する場所で入浴するには心身機能の大幅な改善が必要となる利用者」でも一定の取組を行えば「取得可能」としたのです（表5－3）。

すでに一部の業界団体では、「すべてのデイサービス事業所ですべての利用者に加算Ⅱは取得可能」と取得を促進する動きを示しています。確かに、通所介護施設内の浴室で入浴動作等を評価し、設備を整え、通所介護施設内での入浴動作の一部でも「改善」目標化した個別入浴介助計画を作成し、入浴介助を行えば、自宅での入浴自立が無理な利用者でも加算Ⅱの取得は当面可能です。

しかし、加算Ⅱを取ることで、入浴「自立」＝少しでも自分でできる入浴動作を増やすという理解に陥ってしまうと、入浴介助本来の目的（身体の清潔の保持、リフレッシュなど）よりも動作訓練に重点が置かれることになりかねません。

本来の自立支援である自己決定も含めた全人的なケアの観点から入浴介助における自立支援をとらえなおすことが必要です。すなわち、自力で入浴できることが自立でなく、介助を受けながらも「その人らしい、満足いく心地よい入浴」をめざすことも立派な「自立支援」です。加算Ⅱを取得する

表5-3

通所介護、地域密着型通所介護、認知症対応型通所介護※通所リハビリテーションも同様の改定 ＜改定前＞　＜改定後＞ 入浴介助加算 50単位／日 → 入浴介助加算（Ⅰ）40単位／日 入浴介助加算（Ⅱ）55単位／日（新設）
問1 入浴介助加算（Ⅱ）は、利用者が居宅において利用者自身で又は家族等の介助により入浴を行うことができるようになることを目的とするものであるが、この場合の「居宅」とはどのような場所が想定されるのか。
（答） 利用者の自宅（高齢者住宅（居室内の浴室を使用する場合のほか、共同の浴室を使用する場合も含む。）を含む。）のほか、利用者の親族の自宅が想定される。なお、自宅に浴室がない等、具体的な入浴場面を想定していない利用者や、本人が希望する場所で入浴するには心身機能の大幅な改善が必要となる利用者にあっては、以下①～⑤をすべて満たすことにより、当面の目標として通所介護等での入浴の自立を図ることを目的として、同加算を算定することとしても差し支えない。 ① 通所介護等事業所の浴室において、医師、理学療法士、作業療法士、介護福祉士、介護支援専門員等（利用者の動作及び浴室の環境の評価を行うことができる福祉用具専門相談員、機能訓練指導員を含む。）が利用者の動作を評価する。 ② 通所介護等事業所において、自立して入浴することができるよう必要な設備（入浴に関する福祉用具等）を備える。 ③ 通所介護等事業所の機能訓練指導員等が共同して、利用者の動作を評価した者等との連携の下で、当該利用者の身体の状況や通所介護等事業所の浴室の環境等を踏まえた個別の入浴計画を作成する。なお、個別の入浴計画に相当する内容を通所介護計画中に記載する場合は、その記載をもって個別の入浴計画の作成に代えることができるものとする。 ④ 個別の入浴計画に基づき、通所介護等事業所において、入浴介助を行う。 ⑤ 入浴設備の導入や心身機能の回復等により、通所介護等以外の場面での入浴が想定できるようになっているかどうか、個別の利用者の状況に照らし確認する。 ・なお、通所リハビリテーションについても同様に取り扱う。

ことを機会に、利用者の入浴動作だけでなく、入浴時間や介助の意向を改めて聞いて、利用者と話し合ったうえで、よりよい入浴をめざすことを明確にし正々堂々と加算取得を目指すべきでしょう。

おわりに

介護保険が始まって以来21年間、政府は、介護費用を抑え続け、低い介護報酬（低報酬政策）を続けてきました。これが、介護労働者の低賃金（全産業平均と比べ月8万5千円、年間100万円も低い）を招き、深刻な介護の担い手不足を引き起こしてきました。

「コロナ」以前から介護現場は、人手不足による「介護崩壊」の危機さえささやかれていました。そこに襲ってきた新型コロナ感染拡大の危機は、深刻な影響を与えました。介護現場の担い手たちは高齢者のいのちと健康を守るために必死にがんばってきました。そうした中で2021年4月、「介護報酬」の改定が行われましたが平均してわずが0・7%アップと、みるべき改善はほとんどありませんでした。

介護職員処遇改善もまったく上積みがなく、代わりに出てきたのが、介護ロボット、情報通信技術（ICT）などを使って、より少ない人数で介護をしようという「生産性向上」の各種加算と夜間人員配置基準の緩和でした。さらに、介護事業所が国に利用者情報のデータを送ったら「科学的介護加算」、デイサービスで普通に入浴介助したら報酬は下がり、利用者が自宅で入浴自立することを目標にしたら報酬は上がる、など「自立支援」型の加算ばかり増えました。

政府は、高齢化によってますます高まる介護ニーズに対して、それに応えるどころか、それを切り捨てる政策を進めようとしています。2024年度に予定されている介護保険の次期制度見直しでは、利用者負担2割・3割の対象拡大、ケアプランの有料化、要介護1、2の生活援助サービス等の保険給付からの切り離し・総合事業化など重大な制度改悪を狙っています。2022年の冬から厚生労働省の審議会で議論がされ年末に見直し意見がまとまれば、2023年通常国会で法案が審議・成立、2024年4月実施というスケジュールです。その方向性は、要介護高齢者には「自立」を、介護の担い手には「生産性向上」を押し付け、介護費用の抑え込みをねらうものとなる危険性があります。

こうした動きに対して、要介護高齢者の尊厳と生活を守るためにすべての関係者が手を取り合い、「これでいいのか」と声を上げることが必要です。

超高齢社会化の進行の中で、求められているのは介護への大胆な財政出動をする政策への転換です。介護保険の総費用は全国で12兆円を超えていますが、国庫負担はその4分の1に過ぎません。今年度予算でも給付費国庫負担は2・9兆円程度しかありません。2021年度政府一般会計予算106・6兆円のわずか2・72%です。

すべての介護従事者220万人に月8万円の賃金改善をして全産業平均の水準の賃金にするだけでもあと2兆円以上必要です。介護保険財政における国庫負担割合の大幅な引き上げを含む大胆な財政出動が求められています。

そのためにも、給付抑制の政策である「自立支援介護」は徹底的に問い直されなければなりません。本書の問題提起がその一石となることを願ってやみません。

2021年9月　日下部　雅喜

大阪社会保障推進協議会　「自立支援介護」問題研究会の経過

２０１９年

1月25日　「自立支援介護」問題研究会（第１回）
自立支援介護の政策的経過等について検討

2月15日　「自立支援介護」問題研究会（第２回）
寝屋川市での「短期集中サービスモデル事業」（実証研究）の検討

3月19日　「自立支援介護」問題研究会（第３回）
自立支援型地域ケア会議の報告　堺市、大阪市、くすのき連合

4月19日　「自立支援介護」問題研究会（第４回）
「自立支援型地域ケア会議の各マニュアルから見えてくるもの」厚労省、大阪市などのマニュアルを　検討

6月6日　「自立支援介護」問題研究会（第５回）
「自立支援介護」かかわる事例、大阪市の動向

7月5日　「自立支援介護」問題研究会（第６回）
「自立支援介護」動向検討、大阪市生活援助ケアプラン届出問題

8月6日　「自立支援介護」問題研究会（第７回）
報告書の検討、オープン検討会について

9月17日　「自立支援介護」問題オープン検討会